我们为何疏远又怎样亲近

RULES OF ESTRANGEMENT
WHY ADULT CHILDREN CUT TIES AND HOW TO HEAL THE CONFLICT

[美] 约书亚·科尔曼 著

成年子女与
父母相处的
难点及解决之道

中国青年出版社
CHINA YOUTH PRESS

图书在版编目（CIP）数据

我们为何疏远，又怎样亲近：成年子女与父母相处的难点及解决之道 /（美）约书亚·科尔曼著；张玉然译.
— 北京：中国青年出版社，2022.9
书名原文：RULES OF ESTRANGEMENT: WHY ADULT CHILDREN CUT TIES AND HOW TO HEAL THE CONFLICT
ISBN 978-7-5153-6672-2
Ⅰ.①我… Ⅱ.①约… ②张… Ⅲ.①青少年教育 – 家庭教育 Ⅳ.①G782
中国版本图书馆 CIP 数据核字（2022）第094014号

Copyright © 2020 by Joshua Coleman
This translation published by arrangement with Harmony Books, an imprint of Random House, a division of Penguin Random House LLC.
Simplified Chinese translation copyright © 2022 by China Youth Press.
All rights reserved.

我们为何疏远，又怎样亲近：
成年子女与父母相处的难点及解决之道

作　　者：	（美）约书亚·科尔曼
译　　者：	张玉然
策划编辑：	翟平华
责任编辑：	刘宇霜
文字编辑：	周晓彤　吴梦书
美术编辑：	杜雨萃
出　　版：	中国青年出版社
发　　行：	北京中青文文化传媒有限公司
电　　话：	010-65511272 / 65516873
公司网址：	www.cyb.com.cn
购书网址：	zqwts.tmall.com
印　　刷：	大厂回族自治县益利印刷有限公司
版　　次：	2022年9月第1版
印　　次：	2022年9月第1次印刷
开　　本：	880×1230　1/32
字　　数：	187千字
印　　张：	9
京权图字：	01-2021-3721
书　　号：	ISBN 978-7-5153-6672-2
定　　价：	59.00元

版权声明

未经出版人事先书面许可，对本出版物的任何部分不得以任何方式或途径复制或传播，包括但不限于复印、录制、录音，或通过任何数据库、在线信息、数字化产品或可检索的系统。

中青版图书，版权所有，盗版必究

谨以此书献给我的父母史蒂夫和科琳，以及他们的父母罗伯特和伊迪丝，麦克斯和莉娜，以及所有渴望走进对方生活却尚不得法的父母和祖父母，子女和孙子女们。

目录

作者按语

前言

究竟是不是父母的错 022
这本书是写给谁的 025

第1章　我们的亲子关系还有救吗

不愿做出改变的父母 029
寻求和解的子女 037
承认错误的勇气 040
如何维护我们的关系 044

第2章　导致疏远的主要原因

发生在任何年龄段的父母离异 047
新进入家庭的儿媳和女婿 048
子女患有精神疾病或成瘾症 048
治疗师的误导 049
子女有时候感觉离父母太近 049
在价值观和生活方式上的分歧 049
社会观念的转变 050
丢掉父母，找回自己 056

家庭冲突含义的变化 060
家庭中的精英领导制度 061
父母在抚养中扮演灵魂伴侣的角色 062

第3章　结婚，离婚，疏远

子女与父母中的一方结盟 066
同理心与接纳 068
新的妻子，新的生活 071
母亲和继母，女儿和继女 073
迟暮之年的父母要离婚 075
情绪变化处于不同频段的母女 079
疏远的核心——不被遵守的界限 083
打破不良反馈循环 086
发现父母的婚外情 089
法院、法官和律师本应履行的责任 092
父母其中一方的谎言 098

第4章　成年子女的精神疾病和成瘾症

子女的精神疾病给家庭带来的压力 103
也许子女只是在逃避羞耻感与缺陷感 105
个人主动权的不足 107
精神疾病与阶级 108
深陷困境的子女 111
遗传因素或许是始作俑者 112
人格障碍让和解充满挑战 114
父母与子女相处的经验法则 117

第5章　心理治疗与被误导的童年印象

治疗师的盲点与偏见 123

如果我有另外一种父母该多好	126
家庭冲突的核心更多是心理上的	128
不对等的权力天平	129
错误的标签	131
做不做"糟糕"的父母是可以选择的吗	134
对父母的误诊	135
选择了缺席的父亲	137

第6章　女婿、儿媳和"精神控制"

控制欲极强的看门人	142
有社交焦虑症的儿媳	145
为什么子女的性格发生了改变	147
父母对女婿或儿媳常犯的错误	149
如果问题出在子女本身	150
为何男人结婚后更容易与父母疏远	153
为何兄弟姐妹不愿和解	155
为什么切断了与所有人的联系	157

第7章　兄弟姐妹的疏远对其生活及周围人的影响

父母不平等的爱	164
成年后兄弟姐妹的相互疏远是否应该归咎于父母	166
帮助兄弟姐妹理解彼此的家庭治疗	168
自由地表达隐讳之言	172
寻求对方的理解和同情	176

第8章　金钱如何使父母与成年子女渐行渐远

不想奖励"不良行为"	180
如果将遗产略过子女留给孙辈	184
如果是有虐待倾向的子女	185

将子女从遗嘱中剔除给双方的关系雪上加霜	192
父母给子女的遗产分配不均	196
父母不想让儿媳获利	197
为什么父母感受不到子女的在乎	201
父母会因愧疚而答应子女的请求	203

第9章 被抛弃的祖父母和被当枪使的孙子女

想要见到孙子的祖父母	206
家庭冲突的背后是文化冲突	208
婆媳关系恶化的本质	211
代际之间截然不同的教育观念	214
祖父母能给孩子带来什么	218
疏远也许是人们对衰老的鄙弃	219
努力走向对方的改变策略	220

第10章 疏远与心理创伤

愤怒与疏远	236
饱受疏远之痛折磨的父母	237

第11章 父母会受到的社会性创伤

令人难捱的节假日、生日和婚礼	245
当被别人问及子女或者孙子女	246
丧失社交能力	247
无法拒绝的邀请	249
伤害婚姻或恋爱关系	250
夫妻双方互相指责	251

第12章 相互理解是打开和解之门的钥匙

成年子女的视角——疏远与追求幸福	259

父母的视角——难以宣之于口的道歉　　260
父母与子女之间的分歧点　　264
和解是一条漫漫长路　　274
和解就是万事大吉吗　　275

后记

理解的力量　　282

AUTHOR'S NOTE / 作者按语

出于对个人隐私和保密原则的考虑，本书中的所有病例都是由不同个体和家庭的案例组合而成的，而不是某个特定的个人或家庭的真实故事。为了保护个人隐私，书中我自己家人的名字均采用化名。和任何试图对往事的记忆进行解读的尝试一样，我的这项工作也是有瑕疵的、不完整的，但所有案例的采用都得到了当事人的许可。

前言

伤心，担心，懊恼。

在我看来，你之所以拿起这本书，或许是因为上面这几个词正是你此时此刻心情的真实写照。伤心，因为你与自己的至亲之人失去了联系；担心，因为你不知道自己此生是否还能够再见到他们；懊恼，因为你不明白为什么与他们的关系会走到这一步，明明你对他们是如此挚爱。

每次在接受全国性媒体采访时，我都会收到大量转介患者和与子女疏远的父母发来的电子邮件。所有人都会发出同样的感叹："我以为只有我一个人这样！"人们通常不会与朋友、同事甚至是自己的家人谈论与亲人关系疏远的事，因为他们担心别人会说长道短，他们担心有人会说，或者在心里嘀咕："你对自己的家人做了些什么？一定是件很可怕的事。"

与我联系的许多人都是任何一代中最尽心尽力、受教养程度最高、最有爱心的父母，他们阅读了大量的育儿书籍；他们在抚育儿女上投入的时间会让历代父母感到相形见绌；他们为孩子提供的经济支持远远超过了自己从父辈那里所获得的经济支持；他们不辞辛劳、孜孜不倦地钻研导致孩子焦虑、抑郁、学习障碍、自卑、注意力缺陷与多动障碍以及所有其他诊断结果的原因；他们会认真倾听孩子们讲述自己的梦想，以便能够为他们铺就一条通往生活幸福和事业有成的最安全、最安稳的道路。焦虑、恐惧、睡眠不足、咖啡因，这些已成为他们的家常便饭。他们的目的只有一个：成为他们能够成为的最佳父母——一个从孩子出生之前就深植在意识里的目标。

然而这一切并不意味着他们不会犯错。更糟糕的是，专家们关于什么是理想的育儿方式的看法每隔三五年就会有新的变化，因此也就很难知道这些父母们有可能犯了什么样的错误：是一些意料之中的小错误，只需在不完美的地方贴几张笑脸即可，还是可以原谅的不大不小的错误，最好贴上一张"别放弃"的贴纸以示鼓励？又或者是有可能导致关系破裂的严重错误，必须贴上黑黄两色的危险品警示牌？

亲情关系中的对错程度难以衡量，与曾经最亲近的人断绝来往绝不是件轻而易举的事，正如与下定决心离开自己的人走向和解必定困难重重。无论是何种原因导致了疏远，当那个原本最在乎的人与自己相隔千里之外，你会感觉到生活中原本确定的事变得摇摇欲坠、支离破碎。那些曾经似乎是毋庸置疑的温馨记忆，开始笼罩上一层疑云和自责。

我能理解，因为我经历过，而且这些都是我自己的记忆。在我的女儿与我断绝来往的那一刻，这些往事又一幕幕重现。

前言

我的女儿艾琳娜在二十几岁时同我讲了一番话。这些话是我心里知道却又害怕听到的。她说我让她感到失望。她说我没有在她需要的时候陪在她身边,她说我已经有了一个幸福的新家,可我却从未让她感到自己属于这个家。她说我们的关系到此为止了。这是我人生中不得不遭受(或者说不想再次遭受)的最痛苦的经历。

我和孩子的母亲兰达是在旧金山城市学院相遇的。那一年我25岁。我是从旧金山音乐学院辍学后转校到那里的,因为我负担不起音乐学院的学费。按现在的美元计算,这个数额听上去很搞笑。可是再仔细想想,如果按现在的美元计算,又有哪一件事不是这样呢。在一堂音乐理论课上,我坐在她旁边,还和她与前夫的5岁小儿子互做鬼脸。6个月以后我们便同居了,灵魂伴侣终于修成正果。我从未遇到过像她那样逗人开心、聪明可爱的女朋友。不到一年后,她怀孕了,而我开始准备当爸爸。

我们都还没有成熟,都没有做好准备。不过我们还是举行了牵手礼,举办了一次盛大的派对。我们的孩子是在家里出生的。尽管母亲在痛苦和血泊中挣扎时孩子的父亲在别处舒服地睡大觉,但是当我的女儿历尽艰辛走过那一小段艰难的旅程来到这个世界的时候,我仍然是第一个看到她探出的小脑袋的人。她的小脸红红的,眼睛眯眯着。一张樱桃般的小嘴,一双天蓝色的眼睛,仿佛在问:"你是谁呀?"我感觉到一股强大的动物性的生理冲动。新生幼崽的气味、天真和纯洁会驱使动物们用鼻子轻轻触碰它们。婴儿们会用一种令人心醉神迷的频率发出信号，一种来自新生命的强有力的宣告：保护我。

然而，尽管有作为同一个孩子的父母的这层关系，我和兰达还是在一年半之内就分手了。我搬出了我们两人在旧金山外日落区邻近海滩的复式公寓，搬进了位于海特内区的一座没有电梯的维多利亚式老楼，与其他三个人合租。床垫放在地板上，一只手提着便携式婴儿床，另一只手提着尿布袋。丽塔·鲁德纳曾经说过，大多数单身男人的日子过得和拥有家具的熊没有什么两样。用这句话描述我当时的生活再贴切不过了。我们当时办理的是共享监护权，也就是说，我可以每隔一个周末和每个星期三晚上看一次艾琳娜。这是20世纪80年代家庭事务法庭优先选择的一种双方约定。那时，法庭还没有接收到有关父亲有可能在某些方面有助于孩子健康成长的备忘录。

但是我太爱我的女儿了。她是个阳光女孩，大胆自信，不轻易受人摆布。她对自己该穿什么或不该穿什么很有主见。每次开心大笑的时候，她都会把头朝后一仰。从最初玩儿"风火轮"小汽车玩具，到后来骑儿童四轮自行车，再到骑着两轮自行车上街，她从未感到过害怕，而我不得不一路飞奔才能跟上她的速度。她面前有什么就会吃什么，而这也是对我有限的厨艺的一种适应。睡觉前她总是闹着让我给她讲恐怖故事，而且里面的女主角需要是力挽狂澜的英雄。

艾琳娜7岁的时候，我再婚。她的生母也再次嫁人。根据这一次的监护约定，我见她的时间每个月不能超过8天。她不在的时候，我会想念她，而且我想要让我们的短暂相聚能够过得轻松愉快。"迪士尼乐园爸爸"这一固定化形象的存在是有道理的：如果你只能偶尔见一次自己的孩子，谁还愿意用各种限制和争吵搅扰这宝贵的时光呢？"你当然可以在晚饭前再吃一个蛋卷冰激凌。冰激凌好吃！""我们绝对可以看那部限制级恐怖片。""可以，我们可以睡得比平时晚很多！我会向你妈妈解释为什么我每次送你回家时你总是很累。"

我最不想做的事就是和我女儿产生矛盾。矛盾需要消耗大量的时间去平抚、恢复和澄清。然而离婚之后，在你见不到孩子的时候会发生一些坏事情。

因为始终有另一个家庭在和你竞争。即使你的前任是一个品行端正的人，如果愿意，他们还是会暗中破坏你与孩子之间的关系：对孩子谈到的你们在一起的快乐时光不予理睬，而对他们的抱怨却表现出异常的关注。他们会把自己的新配偶升级为父母，却把你降级为一个遥远的、陌生的、无关紧要的人。

研究表明，与孩子父母的再婚相比，离婚对他们造成的伤害有时候反而会更轻一些。然而，再婚同样也会伤害到双方的前任——倒不是因为他们的嫉妒心，而是因为他们不得不与一个扮演着在他们看来是永远专属于自己的角色的人竞争。当我的女儿第一次称她的继父为"她的另一个爸爸"的时候，我差点儿扇她一个耳光。

我压抑着怒火，咬牙切齿地对她说："亲爱的，罗伯是你的继父，他不是你的另一个爸爸。你只有一个爸爸。"

"我知道。"她一边吃着葡萄干早餐脆片一边说,并且补充了一句,"你是父亲,他是爸爸。"似乎这样就可以把一切解释清楚了。

"不。"我没有丝毫退让。尽管经过了这么多年的心理治疗,我还是无法在这类对话中表现得泰然自若。"我是父亲,我也是爸爸。就像你是艾琳娜也是琳妮一样。爸爸只是父亲的另一种说法——就和琳妮是艾琳娜的另一种说法一样。懂了吗?"

她好奇地歪着脑袋看着我。作为一个早熟的9岁孩子,她已经能够意识到自己撞上了在我身上还从未见过的脆弱的一面。

她的母亲嫁给了我的一个朋友,一个善良正派的人。如果有一个人可以代替我做父亲,那么此人非他莫属。然而即便如此,也无法缓和这种紧张的关系。自从他娶了我的前妻之后,我们之间就没有密切的交往了,因为他现在已效力于另一方。我和兰达都不属于那种"噢,咱们还可以做朋友,还可以一起过感恩节"的前任。我们更像是"嗨,谢谢你的定期通告,看起来分手是我们做出的最明智的选择"的那种。我们并没有努力成为对方伴侣的朋友。双方已经各自站好队,新伴侣该为谁效力已经没有一丝含糊。然而问题是,我们的女儿不得不同时效力于两个队。做一名离了婚的父母很难,然而做一个不得不时刻揣摩父母的需求和心情的孩子更难。

因为我们在一起的时间很少,所以我尽量让这段时间充分发挥价值。共同监护意味着要花费大量时间用来开车——开车接过来,开车送回去,开车接过来,开车送回去。不过话又说回来,开车自有开车的好处：空间是私密的，不会有旁人的干扰，和你争夺注意力。

在某种程度上我们的关系在汽车里变得更加亲密了，因为卡式录音座里播放的任何音乐都会让我们两个着迷。不同于那种用来装点我父母那代人的立体声音响的醉醺醺、密友一般的鼠帮乐队音乐，我们这一代人的子女实际上很喜欢我们的音乐。和她一起听音乐，尤其是听那种特别吵闹的、在她即将进入青春期时听的那种呱噪的劲爆的音乐时，我们两人之间许多要说的话尽在不言中。声音花园、齐柏林飞艇、人民公敌、图派克、九寸钉……我们反复播放这些乐队和歌手的歌曲。

后来，我有了两个双胞胎儿子。人到中年，我变得更成熟，更懂得了如何为人父母。作为一个全职爸爸是一件很治愈的事。我可以每天早上叫醒我的两个儿子，每天晚上哄他们上床睡觉。但是我总能隐约感觉到我对女儿的亏欠与此形成的反差。如果我在抚养两个孩子的同时对另一个却很少关照，那我还算是个好父亲吗？即使这种监护协定是由法庭裁决的，我的内心还是充满了内疚。我感觉自己违背了在将她带到这个世界上来时所做出的承诺：我会每时每刻在她身边保护她。而如今我的孩子却正在由另一个被她唤作爸爸的男人抚养长大。

她十四五岁的时候，我根本弄不清楚她的想法和感受。当我打电话到她妈妈家里找她时，我能从她的声音里听出她的厌烦、心事重重、失去条理、急躁。她是在生我的气？是她妈妈跟她说了些什么？她做错事了？是因为某个男孩子？我不知道。我本该知道自己的孩子发生什么事了，可是我不知道。

为了能有更多的时间和她在一起,我再次到法院请求获得全职监护权。但是没有成功。法官认为没有任何理由改变他认为依旧产生效力的东西。"哪里有效?"我问。他说,由于我和她母亲的关系并不融洽,变动会给艾琳娜造成更大的伤害。我争辩说,恰恰相反:更多在一起的时间对每个人来说都会更好。他坚持自己的意见,于是我只好回家。

又过了3年,艾琳娜17岁的时候不顾法庭的裁决,搬过来同我和我的妻子正式住在一起。我的祈祷得到了回应。我终于可以真正做一回她的父亲了。我将我在我和她妈妈的婚礼上弹过的吉他送给了她;她学了我多年前为音乐学院谱写的一首古典作品。我们和以往一样互相逗对方开心。我们给对方介绍新的乐队。看上去我们似乎有了一个新的开端——一次可以疗伤的新机会。

然而,艾琳娜住在我家里后,结果并不完全像我期望的那般美好。我的妻子大多数情况下是一个有耐心、性情温和的人,但是她无法在应付两个让她忙得焦头烂额的双胞胎儿子的同时满足艾琳娜的需求,而当我的女儿看上去无法忍受或者心情郁闷的时候,我却不知该如何与她沟通。于是她再一次感觉自己变成了那个被父母忽视的孩子。

我送她去上大学的时候,内心短暂地涌起一阵自豪感:感觉自己像是一个真正的父亲,做着为女儿该做的事情,但我同时也很清楚,她还没有为人生接下来的这一阶段做好充分的准备。她没有得到过像我的双胞胎儿子那样稳定、持久的家。她从来都没有自信地感到过自己是父母心目中最重要的人。

于是，在她22岁的时候，她对我说了那段话。她说她从小到大从未感到自己在我的心中占据过最重要的位置；她感觉自己是一个没人疼爱的孩子，不特殊、不重要。我记不清她确切的话了——也许这些话回忆起来太痛苦。我所记得的是她的愤怒、她的诚实、她的痛苦。

我开始为自己辩护，我向她解释原因，我为自己辩解，我把问题归罪于他人。当然，这一切全都没有用——她躲我躲得更远。

然后，什么都没有了。没有联系、不回电话、不来看我。我们的车现在已经完全驶离了道路，翻落了悬崖。我们之间重新恢复联系是几年之后的事了。

★ ★ ★

也许你因子女的疏远而郁郁寡欢，也许你感到与父母隔阂渐深，愈发难以与他们相处。无论如何，你因为这种困境感到迷茫，渴望获得答案。

因此，你试图从各种专业人士那里寻求帮助。有可能这些专家并不理解你，而且他们听上去头头是道的建议结果却让事情变得更糟。比如他们规劝你："这不过是一时的，给他些时间吧。""你应该让她记起你为她所做的每一件事。"如此一来，你便是掉进了自己给自己挖的坑里，却又不知道如何从里面走出来。

我理解你的感受，因为我同样也收到过这些尽管不了解情况但却是善意的建议。我并不是在批评某一位治疗师、某一位朋友或某一位家人给出的糟糕建议，因为疏远问题有别于大多数可能会发生在我们身上的其他麻烦事，它基本上仍属于那种需要关起门来讨论的话题。尽管现在的书籍、文章和网络内容多如牛毛，但这些对于解决疏远问题而言并没有助益，因为它们讨论的都是有关结婚、离婚或抑郁症等一些较为常见的问题。

因此，从某种意义上来说，我只不过是碰巧运气好，因为，我的诊所里有一位非常善于处理各种高难度病例的顾问，在处理这一难度最高的病例——我，以及令我心碎的被女儿疏远——方面也恰巧非常在行。有了她的建议，我得以和女儿逐渐重归于好。在上一本书出版后，我赢得了一大批来自国内外的父母粉丝，并且通过每周一次的有关疏远问题的在线讲座同他们始终保持着联系。面对所收到的大量电子邮件和问题，我无法每天一一回复，于是我免费为遇到疏远问题的父母及子女开办了一个"周一问答"活动，而且这项活动仍在继续。同时，我还咨询了在我位于加利福尼亚州奥克兰市的办公室里的父母们，以及美国国内和国外的父母和专业人士。

在我的上一本书出版以来的这些年里，我学到了太多的东西。我希望你也能从成千上万的父母的话语及家庭案例中受益。他们告诉我哪些行得通，哪些行不通，以及如何消除痛苦。这些也是你在本书中通篇都将会听到的声音。

究竟是不是父母的错

当有父母来我这里咨询时，我不会轻易判断他们成年子女的指控是否属实。有些时候，父母们的自我表述明显是对真实情况的理想化。很多时候，我直到在与他们的成年子女书信交流或者当面交谈时才意识到，父母在多大程度上促成了子女想要与之疏远的需求。然而有些时候，也可能是父母很讲道理，而其成年子女或者他们的配偶却是关系中比较麻烦的一方。

而且令事情更加复杂的是，有时候疏远的原因是在位于双方之间的那片茫茫荒漠的某个地方——在这片大漠之中，由每个人的性格、经历、困境或者遗传基因所构成的复杂因素在双方之间激烈交锋。冲突的发生几乎找不出前因后果，而更像是一个反馈回路，无休止地放大着每个人身上最邪恶的本能，包括父母、子女或者任何一个想要卷入这场战争中的人。

讨论疏远问题之所以颇具挑战性，部分原因在于人类文化的族群性，这种族群性仍然在影响着我们今天的家庭关系。花几分钟时间看一看遭遇疏远问题的成年子女或者父母们的论坛，你就会感受到那里的宗派斗争观念之激烈。

在这种新的局面下，父母不知道如何与成年子女进行有效的沟通并没有错，但如果想要改善双方的关系，就要从这一方开始改变。子女是抱着不满与积蓄已久的怨愤忍痛离开的一方，只有父母树立起一种前所未有的态度，才可能让两个相互疏远的人重归于好。这并不容易做到。我曾经致使一些父母客户弃我而去，因为他们拒绝以我提出的方式与其成年子女沟通，而我认为这种方式对于达成和解至关重要。我也曾放弃过一些父母客户，因为他们试图利用家庭心理治疗作为责备其成年子女的手段，而不是试图去理解对方的感受或者承担责任。

我的治疗方法要求父母一方必须具备积极主动性和一定程度的勇气。父母要努力站在孩子的角度去审视自己，并且积极主动地去寻找能够证明他们的话可能具有一定真实性的证据。父母可能认为子女的想法、感受或者指责都是胡说八道，或者是经过他们的心理治疗师或者自己的前任或子女配偶的刻意引导，但若想开启有效的沟通，一定要从这句话开始："来，让我们一起讨论一下这个问题。"父母要试图理解子女最终走到这一步的来龙去脉，以及他们为什么会选择疏远。这个死结只能由父母来解开。

不过，有些父母抚育子女的方式确实是有破坏性的——而且在子女长大成人之后，他们的行为依旧让人不难看出为什么保持距离是其成年的儿子或女儿所能采取的最佳策略。很多情况下，子女选择疏远看起来有一定的道理。但即便如此，我想也应该有人谈谈这之中父母的无奈与伤痛，以及应该如何帮助这些父母。深陷在无休止的绝望、抑郁甚至暴力的漩涡里无力自拔，他们因此几乎得不到任何理解和支持。在当今时代，父母与成年子女之间倡导的平等主义要求人们必须具备某种高超的沟通技能，而这些技能的关键在于同理心、自我意识和自我反思。然而，前面提到的这一类父母往往是最不懂得应该如何运用这些沟通技巧的人。这是一群伤心的、不幸的甚至在某种程度上有害无益的父母，而他们也应该得到我们的帮助和理解。

有人会建议成年子女："离开他们，照顾好你自己。关注你自己的需求——你的伴侣、朋友和孩子。让父母为他们抚育子女过程中所犯下的罪恶付出代价。"难道这些就是我们能提供给他们的最佳建议吗？那些因缺乏经济、社会或心理支持而未能做一名好父亲或者好母亲的人，真的就该几乎得不到（如果他们的子女不愿给予）子女之外其他人的同情吗？

我不这么认为。

这本书是写给谁的

这本书不仅写给因失去成年子女或孙子女的亲情之爱而倍感心痛的人，更为成年子女提供一种新的思考问题的角度——一种可以提升同理心和理解的视角。疏远是一件令人痛苦和困惑的事。它同时也是复杂的：不存在一种万能的解决方案。

本书的前5章集中讨论了导致家庭疏远的一些常见诱因。这些因素包括虐待、离婚、精神疾病、当下的心理治疗师在疏远中的催化作用，以及价值观和个性的差异。

本书的第6—9章包含了父母与成年子女疏远的几种情况。一些与孙子女失去来往的祖父母常常会绝望地向我求助，问我："我还能再见到他吗？"我探讨了为什么孙子女经常是父母与成年子女相互疏远的受害者。此外，我还谈到了兄弟姐妹的关系，以及长期的矛盾如何会导致疏远或持续不断的冲突。由于父母与成年子女配偶之间的冲突也常常会导致疏远的发生，我单列了一章专门探讨这种复杂而且常常是棘手的关系。

在本书的第10—12章，我根据40年的实践经验，阐述了在与至亲之人疏远后会遇到的社会问题与心理创伤，并为父母和子女双方提供一种新的相互理解的视角。我分析了有哪些因素将人的悲伤与压力加倍放大，要如何驱赶这些痛苦，以及遭到疏远后，年迈的父母所遭受的那些通常不被关注、本人也难以启齿的社会性创伤。我将为成年子女与父母解开谜题：为什么我的子女不得不选择疏远以维护自己的生活？为什么我的父母给我造成了这么多的伤害还不肯道歉？我们的关系是否还能恢复如初？只有站在另一方的角度，亲身探索彼此之间的那片茫茫荒漠，才能与那个充满后悔与怨愤的自己和解，从而与对方和解。

我在个人的治疗过程中发现，了解造成疏远的社会原因有助于减少父母与子女的孤独感、内疚感和羞愧感。在整本书中，我将穿插一些有关家庭中发生的变化，以及这些变化所带来的风险因素和有利因素的最新研究成果。但是我同时也清楚，人们想要获得一些帮助他们治愈伤痛的工具。因此，每一章都将包括：案例研究，从观察结果中提取基本框架的研究，以及一些传统的忠告。

在过去的10年中，大量被疏远的父母来到我这里咨询，这使得我不禁猜想，自己是否发现了一个新的趋势。在其他地区，是否也发生着越来越多的疏远问题？在写这本书的过程中，我知道我需要进行更深入的研究。我打电话给分散在美国各地的与家庭和年轻人打交道的同事——

结果发现他们也在见证着我所见到的现象。我开始阅读数百项有关心理学、历史、社会学和经济学的研究结果，以及这些领域中的大量书籍。我还与威斯康星大学麦迪逊分校合作进行了一项我自己的研究。

我的任务就是帮助你找到合理的和解方式。总的来说（当然也有例外），我相信和解总比分开好——和解不仅是更有益于你，也更有益于我们的社会。而如果你无法实现和解，我希望能够帮助你过上幸福、健康的生活，无论有没有家人的陪伴。

第1章
我们的亲子关系还有救吗

父母的行为对于疏远的发生有时候几乎没有关系，而有时候却关系重大……

不愿做出改变的父母

拉尔夫想要我帮助他调解他和拒绝与他来往的儿子弗兰克之间的关系，但他不喜欢我的建议。在他看来，儿子对他的看法无论有多么尖锐，也不可能有一丁点儿道理。而事实上，在我看来，他儿子对他的评价是完全正确的：拉尔夫是莫德斯托市的一位开发商，粗暴、以自我为中心，把自己的意见看得很重。他期望儿子能在一定程度上感激他，顺从他，然而这种事情永远都不可能发生了，永远不可能。而且，让事情尤为难办的是，拉尔夫认为，他为儿子提供的经济帮助使他有权决定双方的关系。自己对儿子在经济上的帮助赋予了他支配双方关系的权力。

弗兰克曾对我说，他从小到大始终能感觉到父亲对自己的控制和支配。比如，弗兰克想要读文科，而拉尔夫对此持批评态度。他威胁说，如果弗兰克不去学些实用的东西，就是他所说的那种"能实实在在养家糊口"的东西，他就不供他上大学。弗兰克的性情更像他母亲——有些书呆子气，喜欢独处，爱好文艺。最后他读了商科，而在获得商科学士学位后不久，他又重返校园攻读英语文学硕士学位。他在心理治疗过程中很努力，试图反抗父亲对他随时随地的使唤。他还向父亲挑明了态度，即想要让他在这片来之不易的领土上后退一步是绝对不可能的。

在我与弗兰克的初次交谈中，他说他感觉自己与母亲很亲近，而对父亲却始终感到失望。直到接受心理治疗之后他才开始将自己的自卑感与他和父亲之间的关系联系起来。"我可不想再整天伴着这种感觉度日了。那简直糟透了。我不会再让他像从前那样对待我了。自从不再与他来往以来，我感觉自己轻松多了。我不介意和妈妈保持母子关系，但她对他几乎是言听计从。你见过我父亲，所以你或许能理解。"

我理解。

我在解决疏远类的家庭问题方面的工作通常需要经历2~5次的会谈。大多数时候是父母找到我，因为他们与成年子女失去了联系，所以希望获得寻求和解的办法。在我们的初次会谈中，我会询问这些父母自己的童年经历，以便我可以了解到他们可能会复制或者可能仍在影响着他们的一些经历。我还会细致调查在父母眼中其成年子女的成长经历，包括孩子的学业成绩、社交生活、是否接触或滥用过毒品和酒精、既往或目前的心理治疗、学习障碍、性情和精神疾病问题。虽然我不指望父母成为诊断专家，但我还是希望了解一下他们是如何看待孩子的长处、弱点、性情、见识水平和自省能力的。

当然,父母的观点有时会受到自身的童年经历、与孩子沟通交流的经历以及他们所表现出来的任何其他弱点或者局限性的影响。因此,父母可能会错误地指出其成年子女过于敏感或者过度防御,因为他们看不到自己在多大程度上激发了这种防御心理。

在我和拉尔夫的初次会面中,我建议他考虑主动向儿子道歉。我强调弗兰克本人曾表示过,除非他的父亲能够更认真地对待他对于他俩之间关系的感受,否则他们的关系将无法再继续下去。显然,弗兰克从小就感觉到父亲的控制或者批评。

"我没有什么可道歉的,"拉尔夫生气地说,"他上了一所好大学,自己却无须为此花一分钱。我给他和他老婆买了房子,可他甚至连话都不愿跟我说一句。我存了一笔钱,打算给我的孙子孙女将来上大学用。可是现在他们甚至都不允许我见他们一面。我究竟还有什么可道歉的?我倒是有个想法:何不让他为我上次被他从他家里骂出来而向我道歉?"

"听上去你确实为他做了很多,"我说,"我同意。"我的确同意。但是在过去的半个世纪中,父母投资的兑换率已经下降。父母们,无论是好是坏,都不能再要求以相互往来作为对其曾经投入的时间和金钱的回报。和许多父母一样,弗兰克并没有对这种事情抱有期望。

拉尔夫的妻子蕾切尔是个安静娇小的女人。此时的她伤心欲绝。我问她对儿子的疏远行为有什么想法。

"哦……"她语速缓慢地说，仿佛是在聚合着回答的力气，"我不知道。我只希望这一切尽快结束。我的孙子孙女，我不知道他们怎么想，我真的好想他们。这件事对他们来说是不公平的。他和他父亲与其说不同，不如说很像。"她微微一笑，"两个人为了自己都有点儿太倔强。"

我能看得出来为什么有些人在拉尔夫面前感到胆怯。他身材高大，喜欢一意孤行，总想要别人听他的话。他的大块头，他的气势汹汹和自高自大，很可能会让他的妻子望而生畏，更不用说一个孩子了。但同时我也发现，和许多被子女疏远的父母一样，他是被禁锢在了某一代人的惯常模式中，而且这种模式并非是由他本人打造的。

"你知道吗？"当我问及他的童年时，他对我说，"从小到大没有人给过我任何东西。我老爸以前总是打我屁股。他不会打电话过来对我说：'啊哦，儿子，真的很对不起，以前总是打你屁股。你当时有什么感受呀？'他是个不可理喻的坏蛋，可我们还是会去看他和妈妈，因为一家人就该这样。"

蕾切尔冲我微笑，以示歉意。

"我能成为今天这个样子，也得归功于他，所以我觉得他在某种程度上还是值得称赞的，尽管他是个那么令人讨厌的家伙。当我和一群建筑工人开会，和某个迟迟不肯发给我建筑许可证的混蛋通电话时（我已经第10次把所有申请材料都寄给了他），他们那群混蛋会在乎我的感受吗？因此，我根本看不出来这么做会对事情有任何帮助。"

"我理解。我认为到我这里咨询的许多父母都有同样的感受。但是，你在这件事上一贯采取的办法似乎并没有让你得到你想要的东西。我说的对不对?"

"对。"他怏怏不乐地回答。

"所以,除非我们能够帮助你换一种方式,否则我认为你见到你儿子或者你孙子的机会不大。我和你儿子单独会面时,他已经把话说得很清楚了。"

根据我多年的经验,我可以这样说,一个父母如何回应这一建议,即无论自己与孩子之间存在多么大的观念上的差异,都要尽量用同理心去理解他们的怨言或者想法,这将起到关键作用:它通常决定了这位父母是否还能再次见到自己的孩子或者孙子。

"哼,我不会去向他道歉。没门儿。我凭什么要道歉?"

雷切尔看着他,一脸厌倦。可想而知,这样的沟通常常发生,已经令她感到疲惫:她常常恳求他在方法上多一些温和,少一些防御,而他每次都粗暴地予以驳斥。从我与已婚夫妇接触的经验可以看出,在丈夫早已放弃之后,母亲还是经常愿意去不断努力。我曾经接触过的许多伤心绝望的母亲会说出这样的话:"没有了儿子和孙子,我活着就没有任何意义了,那我为什么还要继续活下去呢?"这种现实会促使她们不断地努力,而且有些时候这种努力已经达到了对任何人都没有好处的程度。而有些时候她们之所以不放弃,是因为她们知道孩子需要某些别的东西方能最终达到和解。

母亲之所以不肯放弃,或许是因为女性对于家庭关系的责任感仍然高于男性。因此，对她们来说，将自己从这种困境中解脱出来要更难一些。子女的疏远也会对父亲造成深深的伤害，然而由于社会对他们作为父亲的角色并没有那么明确的规定，他们作为父亲的身份并没有像母亲那样受到如此严重的损害。而且，不同于母亲，他们可能会认为，放弃和解并非是自私，而是有自尊心或者男子气概的表现。

就拉尔夫而言，我也知道他的进攻性和粗暴行为遮掩了他受儿子冷遇的伤心和羞耻感。

"并不是说你得去向他道歉，"我试图进一步说服他，"而更像是这样——你跟他说你不知道你在抚养他时伤害了他。而现在你知道了。现在你希望当时能换一种沟通方式。你不必说自己是个坏人或者是个糟糕的父亲，你只需承认自己的行为对他造成了不好的影响，而这不是你希望看到的。"

蕾切尔满怀希望地看着丈夫，静观这种新方法是否能被采纳。她说："这似乎是个好方法。"

但是拉尔夫不打算让步。相反，他似乎变得愈加强硬。"我确实想要他怕我：我想要他坚强起来。他真是个爱哭鼻子的妈宝男。"

"他才不是妈宝男。"蕾切尔轻声说，语气中的不满却达到了我前所未见的程度，"他不是你。并不是每个人都像头公牛那样在生活中横冲直撞，把所有妨碍自己的人都推到一边。他不过是内心较柔软些。为什么不试试科尔曼博士的建议呢？"

我能感觉到拉尔夫的自我防御在升级。这是我不愿看到的会谈走向。如果父母一方在自己小的时候是在打骂中长大的（拉尔夫显然就是如此），那么让他同情儿子对这种事情的抱怨，则很可能会是个危险行为。对于一些父母来说，同情子女的这类指控会让他们在回想童年的痛苦或恐惧的不归路上滑下去，而这一切正是他们长期以来犹恐避之不及的。他们本能地认为，最好将所有这些东西全都藏好，封存起来：我老爸就是这么把我养大的，我活得还可以，他也应该没问题。

我也开始产生了无望感。对于大多数被疏远的父母来说，和自己的成年子女一起谈话，就如同上刀山下火海般艰难。可是拉尔夫甚至连最基本的一步都不肯迈出。而我为蕾切尔感到难过。她没有足够的勇气对自己的丈夫说：让我的子女和孙子女回到我的身边，这对我来说比什么都重要。如果你不试着改变，我就离开你。或者我会让你的日子不好过，直至你最终让步，并且按照我的要求去做。在婚姻中，人们有时不得不利用自己的权力来满足自己的需求。成年子女对父母的疏远有时会迫使某一方配偶动用这种权力。

我试图与蕾切尔建立起更直接的联盟。于是我对她说：“和很多夫妻一样，看起来你们两人在如何处理这件事上并没有完全达成一致。而且，弗兰克在这一点上的怨言主要都是与他父亲有关，对吗？”

蕾切尔沉默不语，想让拉尔夫先说话。

"她爱干嘛干嘛，"他说道，"一切由她自己决定。如果她想去看他们，我不会阻止她。我已经跟她讲过了。"

蕾切尔重复着显然是经过精心演练的话："这个，我认为我们在这个问题上或许应该站在一起。"

"你们可以站在一起,"我说,"但有些时候,父母当中的某一方先单独与子女缓和关系,并以此作为将来与另一方恢复关系的桥梁,这也是合情合理的。在我看来,分裂的程度越小越好。"

拉尔夫耸了耸肩,对我的建议表示不屑。蕾切尔看出他对此不赞同。"嗯……"她又看了看他,说道,"我认为在这一点上我们必须步调一致。"对她而言,违抗自己的丈夫是一种难以言喻的不忠行为。

"好吧,"我说,"我知道我要你做的这件事很难。与你儿子谈过之后,我确实以为我能够帮助你们。然而现在大门即将关闭,而且有些门不再打开。我真希望我能为你们提供另一种方案,但目前我们只能到此为止了。没错,拉尔夫,你的父母没有对你尽这番力,而你始终与他们保持着联系。而且,你的祖父母可能也没有对你的父母这样做,但我想他们之间也依旧会相互来往,对吧?"

"说得对。"拉尔夫说。

"所以我能理解为什么你不愿意去做一件没人为你做过的事——更何况你给予儿子的生活远比别人给予你的要更好。说来可能不一定公平,但是今天的家庭与以前已经大不相同了。根据我的经验,在这方面有所改变的大多数父母认为,如果做出改变意味着能够让自己的子女和孙辈们回到自己身边,那么这么做还是值得的。"

此后我同拉尔夫和蕾切尔又进行了几次会谈,但是我没有能够帮助他们与弗兰克达成和解。原因并不在于他们的儿子不愿意,事实上他只是不愿意按照他父亲设定的条件去做，也许很多子女都会做出相同选择。

寻求和解的子女

来我这里咨询的另一个家庭却收获了完全不同的结果。卡琳娜是在奥克兰工作的一名26岁的软件开发工程师，她的治疗师推荐她和母亲一起到我这里来试试。她的态度举止热情随和，看得出她对与治疗师之间的近距离接触不会感到不自在。她落座之后便为自己刚刚运动完后的着装表示歉意。其实跑步鞋、瑜伽裤和戈尔特斯卫衣现已成为旧金山湾区的高级时装，所以我只是微笑着说，想要解决家庭问题，好好热身是件很重要的事。

当我问及她的目标时，她说她并不十分确定自己到底是否真的愿意和母亲一起来做家庭治疗。而且，她也不知道自己是否应该这么做。"我知道我的母亲有一个非常不幸的童年。我真的很理解，任何人都不应该经历她所经历的一切。但是如果我不想跟她来往，她也无权要求我与她保持联系。这也给我的婚姻带来了很大的压力，因为每次我与她交谈或者去看她时，我都需要花一个星期的时间才能让心情平复。来，你看看这封电子邮件。"她说着，并且把手机递给我，"这是一封典型的邮件。"

亲爱的卡琳娜：

我真是烦透了你和你弟弟以自我为中心的胡说八道。在过去3年中，你几乎很少能够屈尊回我一次电话，或者邀请我去探望你和我的外孙，这已经够糟糕的了，可是现在我还得听你絮叨你童年生活有多么的不幸，你知道吗？呜呜。与我的成长经历相比，你的童年简直就是快乐的野餐。你们并没有不幸的童年。我参加了你们的每场足球比赛、学校演出，而如今我还得听我们的母子关系如何让你感受到压力，如何对你的婚姻不利？算了吧。我不知道你的治疗师说了些什么，但如果这就是她让你做的，那么我怀疑她是否真的给你提供了一个很好的建议。

忘了你。

妈妈

"相当犀利。"我把手机递还给她。

"我现在不知道该怎么办。我已经一年没有和她通过话了，我真的不想和她说话。生活里没有她，我会过得更幸福——这话让我感到自己是个很可怕的人。这种想法会不会让我变成一个坏人？"

有时候会有一些成年子女联系我，想要做出应尽的努力，同时希望对自己疏远父母的立场是否合情合理做出判断。我有时不认为成年子女必须与父母保持联系，尤其是在其受过父母虐待的情况下。但是，我确实认为，父母和成年子女双方都应该花一段时间做些尝试，尽量理解对方的想法，看看是否能够建立起一种让双方都能更满意的关系。父母应该这样做，因为责任就在他们头上，而且一个人永远都不可能完全放弃父母的头衔。成年子女也应该这样做，因为解决童年问题能够为建立健康的关系奠定基础，同时给予他们为人父母的能力。除此之外，父母对子女的养育大多充满了不确定性，一些看似好的决定事后可能会显得无知、自私甚至有害——而父母则应该有进行修复的机会。

但是直面会伤人的父母需要勇气。从卡琳娜的讲述中可以看出，她的母亲（要么出于内疚，要么缺乏认识）对于自己在抚育子女过程中的伤害性显然是在轻描淡写。卡琳娜讲述了许多关于她母亲反复羞辱和辱骂她的故事，尤其是在她青春期的时候。这使得卡琳娜在成年之后常感到极度的焦虑和不安，而且这种情结始终与她的日常生活如影随形。

在罗素·班克斯的小说《苦难》中的高潮部分，父亲站起身，展现出令人恐惧的高大和权威，随即在精神备受折磨的儿子（故事的主人公）蓄意燃起的大火中死去。此时此刻，班克斯形象地展示了一些父母对成年子女心理上的持续影响，这种影响通常会在其成年期持续很久。在杀害自己父亲的过程中，儿子想象着在父亲的掌控中自己所感受的内化的痛苦的终结。疏远通常是一种与试图减弱父母对成年子女的持续控制相类似的行为。无论分离有多么痛苦，许多成年子女还是认为，终止与父母的来往是他们所能够找到的主宰自己生活的唯一出路。如果要考虑和解问题，那么成年子女需要对自己在后悔和解的时候能够重返疏远状态感到有把握。

我对成年子女眼中的父母有一种主动的、深切的同情，这常常会使被疏远的父母感到困惑不解。他们担心我是在向他们错误的、歪曲的或者是经过其配偶、治疗师或父母的前任配偶有失公允地引导的观点妥协退让。但我有充分的理由对他们表示同情。这个理由最终会帮助到被疏远的父母：事实是，如果感觉不到自己的利益受到保护，并且那个引领他们进入一场一触即发的战斗的人（也就是我）不能够帮助他们避开那些让父母还是有可能会伤到他们内心的方式，那么没有任何成年子女会愿意与疏远的父母一起步入治疗室。

许多选择疏远的成年子女还担心，如果他们同情了父母，就会从此失去话语权。他们担心一旦看清自己的疏远对父母的伤害有多大，就会感到内疚——而出于内疚而不是真正的愿望的和解结果是他们害怕见到的。他们担心在原谅父母之前同意恢复来往，是让人很受伤的行为。他们担心自己对抗父母权威的力量会被他们对父母的责任感所淹没。

我可以断定，如果卡琳娜的母亲诚心诚意想要改变自己，那么卡琳娜是具备原谅她母亲的肚量的。卡琳娜为母亲感到难过，对她们之间的疏远感到内疚，同时也意识到了双方为此付出的情感代价。卡琳娜是本着尽心尽责的精神来问诊的，所以我指出她们或许值得进行几次家庭治疗。我强调说，她可以针对与妈妈的关系设定一些条件，例如探访的时间长短和频率。我告诉她，作为和解的条件，让她的母亲承担其所造成的伤害的责任是合理的。我还说，同意接受家庭治疗并不意味着她有义务在会谈结束后必须与母亲重新建立联系。此外，我还强调如果治疗后将会有更多的接触，我们会为推进的步骤制定指导方针。

承认错误的勇气

当我与卡琳娜的母亲辛妮德见面时，她迟缓地起身向我打招呼，似乎还在考虑是否应该来赴这个约。她很不自然地站起身，缓慢地折起报纸，塞进包里，低着头跟随我走进我的办公室，仿佛正要去被执行死刑。在我的办公室里，辛妮德坐在我的沙发上，面对着我开口说道："我猜你听到的肯定全是我是个多么糟糕的母亲。"她的语气中交织着担心和蔑视。

我理解地一笑。"我确实听到了不少的抱怨。"

"哦，你肯定听到过。他们的话我之前都听过，所以我能想象得出她对你说的话。"她在套我的话，想知道我的盘问什么时候开始。如果父母们没有读过我的书，他们有时会以为我一坐下来就会开始说教。

我保持着愉悦的心情和一颗关爱之心。我喜欢在这种气氛中与不同的家人共处。尽管我努力做到轻松愉快，但我的态度绝不会是漫不经心的——我很少说"哦，还不错"，而是说："是的，生活往往会充满挑战，不是吗？"我的看法是，父母们确实是竭尽全力了，即使这种"全力"对他们的子女造成了很大的伤害。这种倾向让我感到想要引导和照顾这些父母们，即使他或她是在弱化自己存在问题的行为所造成的后果。

辛妮德向我讲述了她的童年。她是在佛罗里达州的一个杂乱无章、充满暴力的家庭里长大的。她的父亲有时会不加警告地一拳打在她的肚子上，说："这一拳是为了让你不去想你正在想的随便什么东西。"在被诊断出患有偏执型精神分裂症后，他住进了精神病院，最后他在42岁的时候自杀了。她的母亲残忍地拿辛妮德的体重和外表与比她更有吸引力、更热衷于社交的姐姐们相比,而且她还常常会轻蔑地将辛妮德称为"我的丑小鸭"。

辛妮德以一种满不在乎的态度讲述了自己从前的不幸。对于我表现出来的明显的关切,她挥挥手表示没必要。"哦,天啊,那是很久以前的事了。"她说,"这些真的很重要吗?我有好些年都没有想过了。"我说这很重要,因为相比之下,她的童年可能会让她女儿的抱怨显得令人迷惑不解。而且我也注意到,在已经从父母那里感受到对自己的漠视和无视之后,又遭到女儿的抛弃,她一定会感到更加不公平。她看着我,表情中流露出对这句话的用意的怀疑。

我于是向她讲述了我自己被女儿疏远的经历。这让她产生了兴趣。

我通常情况下不会谈论自己的往事或者与客户之间的纠葛,但是如果有人被自己的成年子女疏远,我便会与他们分享这些故事。我之前同女儿之间的疏远与和解的经历让我成为了和他们同病相怜的人,而不是一位自认为无所不知的父母或者治疗师。

辛妮德感觉自己得到的是理解而不是指责,于是她开始思考认同女儿内心痛苦的价值。更重要的是,通过接受这样做的可能性,她没有给女儿提供一个拥有更多理由去恨她的机会。相反,这是她取得信誉的唯一途径。

塔拉·韦斯特弗在她的回忆录《教育》中描述了让母亲承认自己对女儿疏于照顾时所产生的力量。

> 我只知道这样一件事:当我的母亲告诉我她并非是自己希望

成为的母亲时,她便第一次成为了那个母亲。

但是,这种坦率的承认对大多数父母来说是有难度的。让他们说出类似"是的,我辜负了你,我伤害了你,我让你失望了"这样的话是很难的。这意味着他们需要在有可能遭受子女的致命打击的地方袒露自己跳动的心。至少感觉是这样的。我对此深有体会。

这些会谈对于父母和成年子女双方来说都是相当艰难的。成年子女感到很难,因为那个他们需要对其袒露情感的人,在他们看来正是那个深深伤害过他们的人;父母感到很难,因为他们无法面对自己曾经深深伤害、背叛或辜负自己亲生骨肉的这种可能性。难,难,难。但是如果双方都能最终理解对方,那么这还是一件值得一做的事。

父母应该先行一步。他们必须给子女足够的时间和空间,让他们讲述自己需要疏远的理由。他们必须坐在那里,忍受住这一切所引发的痛苦、伤心和内疚。他们必须动用同情心、同理心,即使没有发现很多事实,也要找到事实的内核。我的职责是引导他们不要去自我防御、辩解、自圆其说、指责子女、指责前任,或者指责任何人。一些父母需要很多指导,而我会在会谈中直言不讳地对他们讲:如果你继续用这种方式交流,你会让你成年的孩子认定,远离父母是正确的选择。

但是辛妮德是个有勇气的人。她领会到了自己的担心和羞愧如何让她难以坦率地承认女儿对她的抱怨的真实性,即她对她的羞辱、忽视和对自尊心的伤害。在会谈中她哭泣着向卡琳娜道歉。长时间的痛哭,宣泄着悔恨、渴望和悲伤。她谈到自己没能成为一直梦想成为的母亲(考虑到她自己小时候所遭受的痛苦）。她谈到尽管自己想要给女儿安全感，但结果却让她饱受痛苦。她谈到没能早些明白自己不曾化解的痛苦已经渗透到自己对下一代的抚育过程中了。她的女儿热泪盈眶，真诚地向她道谢，并邀请她重新回到她的生活中来。

如何维护我们的关系

本章中所详述的两个案例反映了人们在讨论疏远问题时通常会想到的家庭关系的状态：**有理由抱怨的成年子女之所以不再与父母来往，是因为这种关系让他们感到太过痛苦，太有破坏性**。而且在这两个案例中，和解的可能性全都取决于父母是否有能力对孩子所感受到的被忽视、被伤害或者被虐待的情况进行深入挖掘、深入理解以及弥补过失。

然而，成年子女与父母的疏远也可以是由于其他原因造成的，而且这些原因与父母的虐待或者疏于照顾并无关系。无论原因为何，维护父母与成年子女之间的亲密关系要求双方都要有健康的心理，而且这种对心理健康程度的要求远远超过以往任何一代人，因为那时的人们并没有像现在这样渴望一种终生挚友一样的亲密关系，而且双方接触的规则并不是基于这样一种以心理因素为主的框架。从这个角度来看，维护父母与成年子女之间的亲密关系通常需要做到以下几点。

对父母而言：

- 能够以一种非报复性的方式回应成年子女的消极情绪、抱怨、批评或排斥。

- 能够在不抨击对方的情况下对成年子女的价值观提出异议。

- 愿意看到成年子女有独立于父母的自己的生活。具体体现为成年子女不必花费超过其本人意愿的时间来陪伴父母。

- 父母一方有能力从自身的童年伤痛或其他生活创伤和失望中走出来，并且认识到：

  a）成年子女与影响父母成长的人不是同一个人；

  b）成年子女没有义务去补偿父母一生中未曾得到的东西。

- 能够以一种非批判性的、非内疚引导的、非羞辱性的方式表达自己的感受。

- 发挥某种程度的自我反省的能力。

对成年子女而言：

- 能够与父母亲保持亲密关系而不必担心在这一关系中失去自己。这就要求他们有能力在了解父母的思想、情感或需求的同时，又不会感受到必须遵守父母意愿的过度压力。

- 能够向父母表达怨言或者意见，而不必担心遭受反击，即使父母有这种倾向。

- 能够接受作为一名父母和作为人的局限性。

- 要认识到父母之所以不能满足自己的愿望或者需求，更多的是因为父母能力的不足，而不是因为父母天生就想要让孩子受苦。

- 要看到父母没有能力满足子女的需求，而这并不能反映子女内在价值或人生意义。

- 发挥某种程度的自我反省的能力。

★ ★ ★

在接下来的章节中，我们将回答以下问题：对于"父母虐待"一词，当今的成年子女和父母辈有时是否有着完全不同的理解？离婚是否会在父母与子女之间留下永久的裂痕？父母的精神疾病显然是促成问题的因素，然而成年子女或其配偶的精神疾病又有可能在多大程度上增加问题发生的几率呢？当今的个体治疗师是否强化了成年人抱怨的强度和权利，并且增加了疏远发生的可能性？父母与成年子女之间在价值观、个性或态度上是否存在无法调和的分歧？祖父母即使很称职，是否也会遭到疏远？是否存在解决兄弟姐妹之间疏远问题的方法？疏远会给父母带来怎样的心理与社会性创伤？实现和解就是万事大吉了吗？我们还有很多话要说。

第2章
导致疏远的主要原因

我经常被问及在帮助成年子女与父母和睦相处方面的成功几率是多少。答案是，如果父母和成年子女双方都有做这件事的意愿和能力，那么我会一直成功。一般情况下，父母们应该先行一步，因为他们和解的积极性通常会更大一些。如果和解失败，有时是因为父母不愿放下身架，不愿做出自我反省和必要的努力。拉尔夫与他儿子之间的疏远就是一个明显的例子。

但是有时候事情无法取得进展的原因却在于成年子女一方。无论父母多么有经验和富有同情心，子女都无法或不愿意和解。以下是一些常见的原因。

发生在任何年龄段的父母离异

在像美国这样高度个人主义的文化中，父母的离异有时会让子女认为，父母和家庭中的其他人与其说是隶属于某个整体中的一员，不如说是各自有相对优缺点的个体。离婚还有可能会增加最终发生以下任何一种形式疏远的可能性：

• 它有可能会导致子女在父母之间选边站队，无论他们是尚未成年还是已经成年。

• 它有可能会导致父母中的一方私下或公开地离间子女，使其与另一方父母为敌。

• 它有可能会导致孩子对父母当中某一方幸福的担忧超过另一方，这可能会导致他们最终倒向或者远离某一方，具体取决于他们的性别、性情或其他影响因素。

• 离婚会给家庭带来新的成员，例如继子女、继父母、女友或男友。这些人可能会在财务和情感资源的分配问题上导致复杂的家庭成员之间的疏远。

新进入家庭的儿媳和女婿

来我这里咨询的许多家庭中，父母都能和成年子女保持亲近而互信的关系，但却感觉他们的这种关系完全被子女的新婚配偶颠覆了。如果这位新媳妇或者新女婿存在心理问题，则尤其如此。在这种情况下，成年子女对父母的依恋会让他们的新婚伴侣感受到威胁，以至于他们最终会说："选择他们或是选择我，你不能同时两个都要。"

子女患有精神疾病或成瘾症

如果子女患有成瘾症或者精神疾病，那么与父母的接触会让他们感到太困难、太纠结，或者让他们觉得是种干扰。他们的精神疾病可能会使其误解父母的意图、过去或者对他们的感情，同时也可能使其与父母的交流方式变得让父母很难或者根本无法以一种持续不变的充满爱意或深情的方式做出回应。

治疗师的误导

成年子女接受心理治疗反而导致了疏远的发生，这种情况并不少见。其原因有以下几个：治疗师错误地解读或者过分夸大了父母过去的行为与成年子女现在的心理状态之间的因果关系；成年子女想要聊一聊他们的童年，而父母却不愿意，或者没有正确应对这种对话的技能，或者是因为治疗师认为疏远是用来处理成年子女对父母的感情的一种值得一试的干预手段。

子女有时候感觉离父母太近

子女可能感觉到自己从小到大太过依赖于父母，并且除了疏远之外，可能找不到任何其他让他们对自己的生活有掌控感的方式。从这个角度看，父母在成年子女的心目中太过重要；疏远是一种试图降低这种重要性的行为。

在价值观和生活方式上的分歧

有些疏远问题的发生是由于父母和成年子女在价值观和生活方式上

太不匹配导致的。如果父母不赞成孩子的性别或性取向，或者孩子不赞成父母的这类行为，这种情况就可能会发生。根本性的性格上的不和，也有可能导致这一问题的发生。

社会观念的转变

在我过去40年针对父母、成年子女及其家人的临床工作中，我发现疏远问题反映出一种更为广泛的文化上的转变。强调对家庭的忠诚度已经被追求个人的成就所取代。孝敬父母的观念已经被"你是你家庭的缔造者"的想法所取代。从前人们建议父母为了儿女应该和他们住在一起，而如今人们又对他们说：如果你不快乐，你的儿女也不会快乐。从前人们认为应该尊重长辈，而如今人们相信尊重不是别人给予的，而是自己赢得的。曾经在家庭中占主导地位的价值观，包括义务、责任、忠诚度，已经从根本上被改变为强调个人的快乐和幸福感。

这些变化有许多是积极的。如今，两性之间的平等程度大大提高，为建立更为亲密的、互敬互爱的婚姻和恋爱关系创造了机会。人们有了更多的自由去结束与伤感情的兄弟姐妹、父母或成年子女之间的关系，这样家庭成员个人就可以更好地保护自己免受具有心理伤害性或者太爱管闲事的亲戚的干扰。社会对于放弃一段毫无意义的或者存在家暴的婚姻有了更大的容忍度，这也意味着人们可以更自由地根据自己的理想去组建家庭，从而保护自己的子女不必去为一段有害的婚姻而付出代价。今天的大多数父母与成年子女的接触比前几代人要频繁得多。

然而，当家人利用这种新获得的自由时，他们可能会永久性地改变自己及其周围的人们的生活。在莎士比亚的几部名剧中，亲情关系的疏远会让兄弟姐妹之间为了争权夺利而相互争斗；父亲抛弃忘恩负义、冷血无情的儿子；孙子被当作要挟的手段，胁迫行为不当的父母改过自新；子女成年后被禁止公开表达对父母的爱，这是一种比宗教裁判所使用过的任何惩罚都更加残酷的折磨；儿媳有可能痴想着发生在婆婆身上的故事，一扇紧锁着的车库大门，一辆发动机失灵的汽车。

父母失职行为的衡量标准改变

在选择疏远的子女的观念中，有一条共同的主线：指控父母对自己造成的伤害。这对于当今成年子女的父母来说是一个极具挑战的领域，因为许多被年轻一代视为有害的或者失职的育儿行为，以前的任何一代父母几乎连想都没想过。不管父母多么有爱，多么有奉献精神，或者多么不惜财力，成年子女都有自己的一杆秤来衡量父母的行为，而他们的衡量标准较之父母上幼儿园时那个年代的标准已经大不相同了。他们的衡量标准是基于一种更精心地研究出来的童年概念，对身份特征和情感的研究更仔细、更复杂，分析得也更加深入。

例如，在《纽约时报》的一篇文章《Z世代：自说自话中的自画像》中，一位年轻女子说："我们拥有看清自己是谁的工具和语言，我们的方式是父母们根本未曾想到过的。"当然如此。但是，这又有什么要紧的呢？它之所以重要，是因为父母在年轻人理解自我的过程中比以往任何时候都更加重要。心理治疗的语言通过奥普拉、菲尔博士或者成千上万针对《精神疾病诊断与统计手册》中所罗列的每一种疾病的励志自助类网站渗透到了我们的文化中。更令人震惊的是,在过去的十年中,年轻一代寻求心理治疗的频率超过了以往任何一代,而且他们因此受到的羞辱也比以往任何一代都要少得多,以至于《华尔街日报》的一位撰稿人将千禧一代称为"心理治疗的一代"。

许多父母完全没有料到自己需要透过孩子的治疗师的眼光去审视自己养育子女的方式。一位年轻人对他的母亲说:"我曾经以为自己的童年很不错,但是自从我接受治疗以来,我开始明白,它其实完全是你的事,与我无关。"这种观点上的差异可能源于不断演变的、对什么是好的童年(进而延伸至什么是好的子女抚养方式)的定义。

心理学家尼克·哈斯拉姆指出,在过去的30年中,对虐待、创伤和疏于照顾的定义在不断演变,纳入了越来越多的病症,并且将以往被认为是正常的经历归入病态。他写道:"以前可能会被理解为道德缺陷(如滥用药物)、不良习惯(如饮食问题)、个人弱点(如性功能障碍)、健康问题(如睡眠障碍)、性格弱点(如害羞)等现象,或者发生在童年时代的普通的人生沉浮,如今都在精神障碍这一总的概念下找到了归宿。"

在《精神疾病诊断与统计手册》的后续版本中,精神障碍的种类急剧增长,从1952年的47种,增加到第四版中的300种,以至于一些人指责《精神疾病诊断与统计手册》的作者和精神病学领域是疾病贩子。

与30年前有关创伤的定义不同，如今限定创伤标准的门槛要低得多。创伤事件不再必须涉及对生命或肢体的严重威胁，也不必超出正常经验之外。它不必在几乎所有人的心灵上刻下醒目的伤痕，也不必在受过创伤的人的心里造成明显的痛苦。换句话说，如果我说你虐待、忽视、欺凌或伤害了我，那么你就是。正如哈斯拉姆的书中所写的那样，如今对是否存在情感虐待、创伤或者疏于照顾的判断是基于孩子对这种行为的看法，即使在局外人看起来这种行为是无害的，或者是独立于父母的意图或情感而存在的。这里面重要的是"我"的感受。

痛苦经历成为年轻人身份特征的一部分

年轻一代也更有可能将这些痛苦的童年经历编入他们对身份特征的描述中。这也是一种前所未有的现象。压力、困难和令人痛苦的事件曾经被看作是家庭中存在的问题，而且最好不对外人讲。如今，无论好与坏，它们已被看作是改变或转变命运的因素了。从积极的一面来看，这种取向可以增强自我意识，并且能够为巩固与父母乃至朋友和爱情伴侣之间的关系提供所需的语言和路线图。另一方面，它也会让一些有时最好憋在心里或者默默忍受的情感更多地显露出来。

当然，还是有许多孩子的确受到过父母的伤害，包括身体虐待或性虐待、言语虐待、糟糕透顶的疏于照顾，而他们可能会终身携带着这些刻在身心上的伤疤。此外，在过去的30年中对具有伤害性或者创伤性行为的范围的扩展使得人们用前所未有的语言表达出自己的感受。

但是，我们开始越来越多地认为父母是造成生活后果的核心起因，而且在可诊断的、病理性的和创伤性的内容中，如今已将太多的本应被视为正常、普通的子女抚养方式纳入进来。如此一来，成年子女可能会觉得自己有更多的对父母的抱怨。尽管父母抚育儿女的行为依旧存在严重问题，但是他们的抱怨已经超出了对父母公平的程度。

这一结果对任何人都不好。研究表明，扩大精神障碍疾病的种类，并且将越来越多的经历罗列进来，会导致人们感觉治疗作用下降，对康复的可能性越来越悲观，并且对自身应对困难的能力越来越丧失信心。这种无助感可能会让疏远这一大胆的举动看起来很有吸引力，能够让自己获得独立自主的权利。就家庭冲突或者避开家庭冲突的愿望而言，并没有什么特别现代的理论，因此将与家庭成员之间的关系疏远理解为一种个人成长和成就的表达，几乎可以肯定是从未有过的。

问题在于：许多谈心疗法和励志自助类书籍的前提基础仍然是这样一种儿童成长的观念，即认为父母是影响子女最终成长结果的最重要的决定性因素。这些假设源于洛克和卢梭的已经过时了的"白板说"、弗洛伊德的已受到质疑的性心理阶段理论以及关于压抑和记忆的观点、马斯洛的自我实现理论，以及约翰·华生的浮夸言论，认为行为主义可以创造出父母想要的任何类型的成年人。

当代研究对这种公认的智慧提出了挑战，但家庭却在其错误主张的重压下分崩离析。正如发展心理学家艾莉森·高普尼克所荐言的："他们不是建筑师。他们更像是园丁。"行为遗传学家罗伯特·普罗明则走得更远,他认为"如果园丁意味着要培育和修剪植物以达到一定的结果,那么父母甚至都不是园丁"。

当前的有关自我突破的理论让成年人踏上了自我发现的旅途,去搜寻和排除那些阻碍幸福到来的特征,以及在他们看来是播撒下问题种子的那些人。比起其他任何组织,家庭更像是美国人在想要摆脱阻碍他们成长和成功的羁绊、焦虑或者导致失败的习性时前来嗅探的地方。正如文化社会学家伊娃·易洛思所写的,如今我们的痛苦逆转了方向:"什么是功能失常的家庭?是无法满足个人需求的家庭。一个人又怎么知道自己的需求在童年时代没有得到满足呢?只需看一看他目前的状况即可。"或者像莉莲·海尔曼在《旧画新貌》中所写的:"有些人会借助过多从前的胜利或者快乐来安慰自己,而另一些人则是抱着痛苦不放,无论那痛苦是真实的还是想象中的,并以此作为原谅自己现状的理由。"

如今的心理治疗、心理自助甚至包括各种心理互助会都采用了通过克服心理障碍取得成功的新自由主义成功逻辑。这种方法尤其强大。这些概念已经成为我们理解生命意义的方式以及对因果关系的看法,并且引导人们去发现和解决发生在过去的功能失常,从而取得未来的成功。人们也因此远离了其他更有可能性的诱因。正如家庭历史学家斯蒂芬妮·孔茨在《我们从未这样过:美国家庭和怀旧陷阱》中所观察到的,将孩子的成长结果归咎于父母,这对于穷人和工薪阶层来说尤为不公平,因为研究表明,贫穷的社会环境和地位的低下使得他们对孩子的影响力不及同辈群体中其他阶层的父母那么大。

丢掉父母，找回自己

文化对观念的影响力是极其强大的，而且我们对因果关系的理解，对他人行为和意图的诠释，以及对个人社会目标的确立，也无不在它的影响之下。

《赫芬顿邮报》上发表的一篇文章以自恋型的父母（即父母一心以牺牲孩子的需求为代价，来满足自己的需求）为例，阐述了人们从文化角度对自恋现象的关注。

如何与自恋型父母"分手"

不要为与父母关系的现状而责备自己。有时候，爱一个自恋的人意味着你需要在一定的安全距离之外爱着这个人——即便那个自恋的人就是你的父母。以下是这篇文章中为成年子女提出的几点建议：

1. 要认识到你的健康和幸福感是首要的。

2. 学会拆除和设定界限。

3. 尽量不要对抗，但要设定明确的界限。

4. 要接受这样一个事实，即父母可能会让"分手"这件事变得相当困难。

5. 不要为与父母关系的现状而责备自己。

界限的重要性在这篇文章的建议部分中被两次提到。这是我经常从成年子女（希望增加边界）和父母（希望减少边界）那里听到的话题。

如果你的目标是成为一个独立的人,那么维护自己的边界就是一件重要的事。我们非常在意做一个独立的人。基于霍夫斯泰德的文化维度模型,通过对独立性、不受外界影响的自由度、自我表达和自我实现这几个维度的分值测量,结果显示,美国人在个人主义方面的得分高于任何其他文化群体。

但是,为什么今天的成年子女如此渴望与父母之间设立更明确的界限?为什么有这么多的年轻人声称自己有自恋型或边缘型人格障碍的父母呢?

父母的过度关注

部分原因在于近几十年来家庭成员之间相互涉入得更深:父母们有了更多的担忧,更多的压力,以及更多的育儿知识。所有人都十分清楚(或者他们认为)自己的错误可能会妨碍孩子成年之后的成功。他们还会花费比前几代人多得多的时间来陪伴孩子。所有这些都有可能会营造出一个比上几代人更加紧密的家庭环境,因为那时父母不会倾听孩子的想法,权威的界限是明确划定的,而且父母们不太在乎孩子会如何看待他们作为父母的努力。除此之外,科技为家庭提供了许多保持联络的手段。从此,家庭成员之间的距离绝不会超过一毫秒时间完成的短信。

作为这种种因素的结果,许多(即使不是大多数)孩子对父母的内心生活相当地了解:他们的梦想、沮丧、失败和成功。在过去的几十年中,父母与孩子们进行的所有认真的相互交流和秘密的倾吐提供了大量的信息，让我们知道我们各自是谁。许多父母和成年子女之间彼此更加亲近，因为他们彼此了解对方，而且可以说，他们之间的关系比美国其他任何一代的父母和成年子女都要亲密。

然而，在这种关系中，子女们已经代行了原本属于社区、宗教和朋友的职责。如果说前几代父母或许错在对子女关注不够（至少按照目前的标准是这样），那么如今的父母则很有可能是高度关注。其原因或许是今天的父母与朋友或者家人以外的任何其他人在一起的时间大大减少了。

社会学家保罗·阿马托发现，20世纪40年代出生的夫妇比1960年出生的夫妇有多出51%的朋友，其将朋友介绍给配偶的可能性高出39%，获取团体会员资格的可能性高出168%，与配偶分享这些会员资格的可能性高出133%。社会学家罗伯特·普特南在其十分有影响力的著作《独自打保龄球》中也做出了类似的观察。我坚持认为，某些成年子女疏远父母或声称父母自恋的原因之一在于他们感受到父母对亲密关系的需求已经超过了其所能满足的程度，而且在某些情况下，甚至超出了他们应当忍受的范围。

愈发孤立的家庭

此外，子女还有可能是父母人生意义和人生乐趣体系中的核心要素，因为这里可能是今天美国社会里极少的几处感受不到不文明风气的地方。心理学家亚当·菲利普斯和历史学家芭芭拉·泰勒在《论善良》

一书中写道："童年已经成为了守住善良的最后堡垒，最后一个我们还能在这个世界上发现更多爱的地方。实际上，现代人对养育儿女的执念大概恰恰就是对在这个人们越来越难以相信善良的社会里还有可能找到善良的执念。"

家庭以及家庭成员曾经存活在一个水土丰饶的生态系统中，得到来自社会各方的哺育和滋养。然而，今天的美国家庭开始变得越来越孤立。其结果是，子女必须与父母保持更亲密的关系。这在他们抚养子女的时期可能会惠及自己的下一代，也可能会对想要继续保持关系的子女有好处。但是，对于出于各种原因而不想与父母过多接触的那些人来说，这种要求或许就没有同样的效果了。尽管父母渴望一辈子做亲密的朋友，但这并不意味着成年子女会始终这么想，也不意味着成年子女不那么强烈的保持联系的欲望是一种病态的征兆。

由于今天的父母较之前几代的父母对子女在金钱和情感上都投入得更多，因此他们可能会感觉自己有资格让子女在某种程度上随叫随到，而这已经超出了成年子女能够合理或理智地满足这种需求的能力。这种权利很可能会让父母采取一种对自己不利的方式进行交流，进而导致成年子女的逆反。有时还会产生负面的反馈循环：子女会撤离得越来越远，以逃避对父母的负罪感和责任感。当感觉到子女变得越来越冷淡或者愤怒的时候，父母对他们的追逐会变得更加气势汹汹。在有关婚姻的研究中，这种反馈循环被称为"追逐者—逃避者关系"，并且与大大增加的离婚风险存在相关性。

家庭冲突含义的变化

家庭动荡的含义也已发生了变化。与家庭成员发生冲突不再被视为单纯的压力或痛苦,而是一个表达能动性、展现自主性和提升幸福驱动力的机会。在整个生命历程中始终与家人保持联系已经变得不再基于假定的义务或责任感(无论这会产生怎样的问题),而是基于这种关系给对方带来的自我感觉。

与前几代人不同,冲突已不再被视为家庭生活中不可避免的甚至可能是必要的组成部分,而是对每个人的公决:我的父母有没有限制我的潜力?我的幸福?我的特质?保持联系说明我是怎样的一个人?终止联系说明我是怎样的一个人?这么做会让我成为什么样的人?

如果说当今美国父母的作用是培养坚定自信、毫不妥协地追求幸福和个性的个人,那么家庭冲突的意义就和其他文化中的大不相同了。

例如,一项针对近2700名65岁以上父母的大型国际性研究发现,与以色列、德国、英国和西班牙的父母相比,美国父母与成年子女之间的冲突几乎是其他国家的两倍。南加州大学的社会老年医学家梅里尔·西尔弗斯坦在总结其研究成果时指出,和其他国家的父母与成年子女的关系相比,"美国家庭的特点是压力更大"。

美国家庭与其他工业化国家的家庭之间存在的差异或许源于美国独有的个人主义风格。社会学家艾米·沙利特指出,美国人抚养子女的做法是基于这样的观念,即子女通过奋力冲破父母在权威、饮酒方面的限制来学会成长为一名成年人。沙利特称其为"对抗性个人主义",并将其与荷兰人抚养子女的做法进行对比。在荷兰,孩子可以从16岁左右开始带男友或女友在父母家里过夜,也可以与家人适度饮酒。荷兰的孩子是以这种方式成长为成年人的。

美国父母认为,对父母命令的反抗是通往成年道路上的一种正常的甚至是意料中的行为。然而荷兰的父母认为,青少年应该借助父母的知识与协作,逐渐进入成年世界,沙利特称之为"人际关系个人主义"的过程。她指出,这些差异源于不同的民族价值观——美国的自由和荷兰的互赖。美国的孩子们会拼命摆脱父母约束的绳索,而荷兰的孩子们则希望即使在成年之后,仍能继续依靠父母。

同时,尽管文化特质有所不同,这种家庭中的个人主义也随着文化的相互影响与交流在世界各地有所显现。

家庭中的精英领导制度

如果成年子女的爱与关怀对于父母的自我意识、身份和安全感变得越来越重要,那么父母还有可能遭受一些新的痛苦。对于前几代人来说,父母的任务是要让孩子长大成人,让他们能够自立,无论父母有多么温柔和深情。如今,在美国文化中,父亲和母亲最大的愿望是与子女成为一生的好朋友,而子女的冷漠或者疏远则标志着父母的失败。

社会学家卡尔·鲍曼指出,1985年,也就是罗伯特·贝拉著就讨论美国个人主义对家庭影响的著作《心灵的习性》的那一年,父母们最大的担忧是他们的子女永远都不会离开家。而如今,他们的担忧却是子女再也不回来了。

前几代人对父母在法律上存在一定程度的忠诚和义务,然而如今的父母却生活在家庭精英领导制度中,在这里他们需要不断调整自己以适应成年子女的心情和需求,才能赢得与他们的持续交往。这就需要一定水平的心理成熟度和沟通技巧,而这一切在其他任何一代的父母中都是闻所未闻的。

英国社会学家安东尼·吉登斯观察到,现代性的部分压力来源于我们对教会、邻里、婚姻、社区和性别等传统体制的脱离。取而代之的是针对自我情感、愿望、思想和志向的高度个性化的、日常的、当下的评估。这个自我评估项目需要持续的监控。与别人——朋友或者爱情伴侣——建立怎样程度的关系?他们是否能满足我们实现自我的愿望?吉登斯在《现代性与自我认同:现代晚期的自我与社会》中写道:"个人成长有赖于克服让我们无法真正了解自己的情感障碍和紧张情绪。"社会心理学家伊莱·芬克尔对当今成功婚姻的观察也呼应了吉登斯的看法:"成功的婚姻通常不仅需要相互兼容,还需要对彼此核心本质的深入了解,这种洞见有助于我们了解在何种情况下哪一种支持最有益。"我认为,父母与成年子女的相处亦是如此。

父母在抚养中扮演灵魂伴侣的角色

如今,许多父母(即使不是大多数)都在努力培养坚定自信、自立自强、毫不妥协地去追求个人梦想的孩子。为此，他们营造了一种环境，让自己在其中扮演一个类似灵魂伴侣的角色：敏感但不侵扰，容忍但不疏忽，支持但不溺爱，宽容但不放任，能够实时关注儿童成长，但不做空谈家，是一个好的玩伴，但不会试图将子女的生活和自己的混为一谈，是一名好的导师，只是不用"导师"这个头衔。

许多成年子女在批评或者疏远自己的父母时都很坦然，因为他们的行为恰恰是父母培养的结果。社会学家安妮特·拉鲁在一项比较中产阶层和工薪阶层父母的研究中指出，中产阶层的子女普遍会对父母提出要求，并且坚持认为在子女和父母之间自己应当优先考虑前者的需求。大多数年轻人在成长的过程中都接受过父母这样的教导：他们可以成为自己想成为的人；他们的意见很重要，他们的梦想很关键，他们的情感会引起妈妈或爸爸的兴趣和关注，并且最终也一定会引起社会对它们的兴趣和关注。十年后对同一群孩子进行的一项后续研究发现，中产阶层的成年子女对父母的感激程度远远低于工薪阶层的子女，他们对几代人共处的家庭的重视程度也不及工薪阶层的年轻人。

然而，社会学家詹妮弗·席尔瓦最近进行的一项研究发现，如今工薪阶层的成年子女也会对父母加以指责，因为严重缺乏有保障的现成的成长途径，他们难以寻找到自己的身份和存在的意义。席尔瓦惊讶地发现，工薪阶层的成年人非常普遍地采用心理治疗和家庭功能失常这类语言来解释他们无法成功找到体面的有薪工作或者爱情的原因。席尔瓦在其书中写道："对于那些无法做到改头换面（克服成瘾，节省金钱，走出糟糕的关系）的家人和朋友，许多人都会无情地与之划清界限。处于成年人心理治疗叙述的核心位置的不是工作、宗教或者性别等等一些较为传统的身份要素，而是家庭。家庭已成为个性的根源、自我的根源，和个体必须从中解放出来的神经机能障碍的根源。"

★ ★ ★

养育儿女并不是一件在真空里进行的事。它会持续不断地受到经济、社会和文化力量的影响和引导，而且这一切远在我们的意识之外。同样地，与父母疏远还是和好，主动去接近孩子还是任由他们离开，也会受到这些因素的影响。在接下来的几章中，我们将探讨造成疏远的常见原因，以及上述这些社会力量会如何为父母与成年子女的关系创造新的可能性，以及新的紧张局面。

第3章

结婚，离婚，疏远

> 每一场离婚都是一部独特的悲剧，因为每一场离婚都是对一个独特文明的终结，一个建立在无数共同经历、回忆、希望和梦想之上的文明。
>
> ——E. 马维斯·霍瑟灵顿和约翰·凯利
> 《祸福与共：离婚的再思考》

马克的两个已经成年的女儿讨厌他的新任妻子。她与她们的母亲截然不同：年轻，漂亮，没有养儿育女的岁月留下的沧桑。她们还错误地认为，在父亲与母亲离婚之前，她们的父亲就已经和她在一起了。这也是她们讨厌她的另外一个原因。自从离婚那天开始，他的两个女儿都没有回复过他的短信、电子邮件或电话。他的小女儿还切断了他与同他原本很亲近的外孙的联系。

他在第一次会谈上对我说："她们甚至都没有邀请我去参加我大女儿即将举办的婚礼。这真是让我伤心透了。我一直在乞求她们和我说话。乞求！我丧失了所有的自尊心。可我不在乎。我在她的脸书上看到，她打算请她的舅舅，就是我前妻的哥哥，带她进入结婚礼堂。她甚至根本不喜欢他！我不知道我能不能受得了不参加她的婚礼。我一辈子都没有像现在这么难过。"

子女与父母中的一方结盟

和大多数离婚事件一样，马克的情况很复杂。孩子们的母亲玛莎对她们说，如果她们愿意，她们可以与父亲交往，而且她支持她们这么做。尽管如此，她们知道与父亲保持关系就等于背叛母亲。这类话她们并没有说过，甚至都没有想过。它只是真真切切的事实。尽管两个女儿在马克离婚之前都曾经说过他是个好父亲，但是基于离婚之后从母亲那里了解到的情况——之前的一些风流韵事；她们从她嘴里听说的他如何不能满足她的情感需求；他整日埋头工作，却以牺牲同她（言外之意，同他的女儿们）在一起的时间为代价，她们正在重新考虑对马克的看法。

她们的母亲在那段婚姻中也总是会时不时地对马克发牢骚，但是马克对这个家庭的生活的付出让她心存感激，因此她的抱怨也是有节制的。然而离婚之后，她与女儿们每次谈话的气氛里都充满了这些不满情绪，并且逐渐恶化成某种更刻薄的东西，而这些东西终于在现在有了出头之日。他的女儿们以母亲为中心结成了联盟，道德促使她们希望保护她，抵御父亲对母亲的抛弃带给她的羞愧和侮辱。因此，尽管玛莎说她支持女儿们与父亲保持关系，但是她对父亲的持续抱怨，以及她对自己在整个婚姻中作为父亲的受害者的描述，都使得她们与父亲维持亲近关系成为不可能的任务。

而父亲也没有让事情变得更容易。在马克来我这里咨询之前，他在女儿们面前为自己挖了一个很大的坑——而且很难从中找到出路。他告诉孩子们，她们的母亲是个骗子。他写信对她们说，她们的行为是多么的残酷和自私；他让她们不要忘记他给她们的所有恩惠；他还把她们的疏远归咎于她们的母亲。他一层又一层地在自掘的坟墓上填土。

我充满同情地倾听着这段相当典型的故事。在花了大部分时间来了解他的心理以及他的前妻和两个女儿的心理之后，该到了我谈谈策略的时候了。

"现在，第一件事是，停止说她们的母亲的任何坏话。任何坏话！"

"为什么不能说？我完全是实话实说。我是一个好父亲。我曾经为这两个女孩尽心尽力，"他说，"我指导她们做体育运动，帮助她们做家庭作业，和她们一起旅行。我应该怎么做？难道就对她们母亲说我是个自以为是的、骗人的混蛋听之任之？"

"处在你的位置的确很难受。我能理解。而且她确实很想在女儿面前贬低你，所以你绝对有理由抱怨。但就是不能在她们面前抱怨。在这一点上，你的前任占尽上风，而你却一无所有。她们不会和你说话，也不会邀请你参加婚礼，而且你也无法让她们回复你的短信。"

"那我该怎么做？"

"我认为你应该首先让她们看出你愿意从她们的角度,而不是你自己的角度,来看待这件事。"

和我对待所有客户的方式一样,我要求查看他收到的所有电子邮件或者短信。虽然疏远父母的成年子女的抱怨有时显得令人难以置信地固执和伤感情,但是他们在设定自己的限度、要求划定界限,甚至是发出最后通牒时,却会流露出悲伤,甚至是绝望。至少他们开始时是这样。随着时间的推移,由于父母的防御或者敌意,他们变得更加固执和冷漠。通过沿着时间线阅读这两个女儿的短信,我能看出她们的言语已经转向了鄙视和威胁。我们必须抓紧时间。

我告诉马克,他必须认同她们新形成的对他从前身为父亲时更苛刻的看法,尽管在他看来这些看法是由他的前任制造出来或是受到她的影响。她们现在认为,他抚养她们时,关心的更多的是他的工作,而不是家人,而且他在与母亲结婚期间表现得很自私。他必须去应对她们对他的新看法,尽管他认为这些看法是不正确的。

同理心与接纳

在我职业生涯的早期,我曾在封闭的精神科住院病房工作。也就在那时,我学会了如何处理错误的因果关系的归因问题。我前两年在俄亥俄州凯特琳的凯特琳医疗中心工作,剩下的6年在旧金山的加利福尼亚太平洋医学中心工作。我的患者患有不同程度的妄想症和其他严重障碍。我学会了很多关于如何和那些精神状态及生存状态与我自己截然不同的人坐下来交流的知识。

我学到的最重要的一课是在当时那一刻进入对方的世界里引导他们。如果有人是偏执型精神分裂症患者,我绝对不能安慰他们说,中情局没有在他们的花园里种下虫子,或者外星人没有给他们发送信息,除非我先接受这两种可能性都是合理的或者可靠的。我必须暂时收起自己对某些结果的可能性的怀疑和知识。我必须不带一丝一毫屈尊俯就的态度对他们说:"这听起来很可怕。他们为什么要追捕你?他们用什么手段?你认为他们试图得到什么?"而且,我必须进入一个相信这种事情有可能存在的状态——用我的身心去感觉它的存在——以便让他们知道,我可以进入他们的世界,而后方能赢得他们的信任。借助这种信任,我才能带领他们走出他们自己的世界。我没有说"嗯,那肯定不是真的,让我告诉你你有多不理性",而是学会了说"哇,如果真是那样的话,你一定吓坏了。我也很害怕。"如果那种事情真的发生在我身上,我肯定也会害怕。

但是一旦我让他们看到我可以体会他们的感受时,我就可以更好地提出诸如"有没有可能还有其他的解释?会不会不是那个,而是别的什么"这类问题。换句话说,我必须能够生活在他们的世界中,哪怕只是很短暂的一段时间,然后才能邀请他们进入我的世界。当然,这种做法并不总是有效。但是那些得到理解和认真对待的人,即使是在精神病发作的阵痛中,也将会寻找我们这些关注并且愿意走进他们的世界的人,即使他们还无法踏入我们的世界。

对于感觉受到成年子女错误或无理指责的父母，也应该采取类似的方法。尽管与精神分裂症或其他严重的精神病患者相比，父母们所面对的大多数误解可谓是小巫见大巫了，但类似的思维方式是必要的。

马克和许多被疏远的父母一样，对这一建议感到担心。

"难道这不会让人更相信她的说法，认为我就是那个糟糕的父亲？可事实上我并不是。我觉得我是在愚蠢地帮她的忙。这样一来，我的前任会说：'看看，连他自己都承认了他是一个混蛋父亲。'"

"不对，事情不会是那样的。通过让她们看到你愿意从她们的角度看待这件事，并且愿意发现其中的一些客观事实，你可以提高自己的权威。而且不幸的是，这是她们目前对你的看法，所以对她们说她们是错的不会给你带来任何结果，而只会让她们更生气，更不愿意理你。你如果愿意表现出同理心和进行自我检查，她们会觉得自己可以稍微放松警惕，并且考虑更多地接纳你。"

"好吧，就这一点而言，我没有什么可损失的。"

我还告诉马克，他必须停止坚持让自己的女儿与新任妻子建立关系。他选择了她，然而她们并没有，而且她们没有义务一定要和她在一起，更何况在她们看来，她是一个家庭破坏者。他也不必离开她，但他并不需要坚持声称自己和妻子是密不可分的。

在我对1600多名遭遇疏远的父母的调查中，大约有75%的人是在与孩子的另一位亲生父母离婚后被疏远的。我的经验是，离婚会导致人们不得不对长期联结在一起的忠诚、感激和义务的纽带做出根本性的重新调整。离婚还有可能会促使孩子重新审视自己之前的生活，转变观念，从而支持父母中的另一方。它会改变孩子对家庭的看法，由原来的将家庭视为一个统一的整体，转变为将其视为由各具相对优缺点的个人组成的松散关系。

离婚也有可能会改变家庭的引力轨迹。久而久之，家庭成员相互之间渐行渐远。尽管有些父母能够有效地防止子女与父母当中的某一方过度结盟，但各个年龄段的子女都有自己的需求、目标甚至计划，因此不管有没有父母的偏向，他们都有可能与父母当中的某一方结成盟友。而且，即使是最有良知的父母，在听到孩子贬损另一位的时候，如果不承认自己会有一丝快感，那么他们一定是在对自己撒谎，不管当时他们会怎样大声地反对孩子的这些话。

很少有子女不会察觉到这些隐约流露出的快感，也很少有子女不会将这条信息纳入自己的知识库，借以了解父母，从而知道应该如何更好地支持他们，或者如何利用这些信息来提高自己在家庭中的地位。可悲的是，断绝与父母中某一方的关系，这种行为也常常是这种微妙关系中不可或缺的一部分；子女们利用这种途径来支持父母当中的一方而对抗另一方，来展示对没有被自己疏远的父亲或母亲的爱或者忠诚，或者确保他们自己在父亲或母亲生活中的地位。

新的妻子，新的生活

和许多再婚的父母一样，马克感觉自己绝望地挣扎在对新任妻子的强烈爱恋和对女儿的感情之间。马克担心他没有能力说服他的新任配偶不再坚持要求参与家庭交流或者家庭活动。他也不知道应该如何平复她对于他的前妻将其描绘成造成婚姻破裂的诱因的感受。

我说:"我不认为她有任何不对的地方。她的处境很尴尬。但是目前的重中之重是让你的孩子回到你的生活中来。也许你的女儿们有一天会接纳她,也许不会。有些孩子会永远对新的伴侣持厌恶的态度,而且不幸的是,并不是所有的家庭关系问题都是可以解决的。说你和你的新任妻子是密不可分的一对儿,这种表达很可能是你让女儿失望的原因。一旦看到她们的态度有些缓和,我们就可以开始考虑如何以一种新的方式将你的新任妻子引介到你的家庭体系中来,但是在那之前不行。只是因为她们太敏感了。"

我们经常会看到,新任妻子对于应该给予丈夫之前婚姻中的孩子多少情感或经济上的援助很有自己的想法。我接触过许多因此而导致疏远或者持续疏远的家庭。尽管新任的妻子有自己合理的需求,应该得到优先考虑、重视和珍惜,但是这些需求有时会与丈夫想要和子女保持联系的愿望发生冲突。而无法实现这一愿望的男人其数量之多令人吃惊。有些时候,男人失败的原因在于他们让新任妻子在养育子女的决策上拥有过多的权威或权势,结果对大家都没有好处。

为什么有那么多男人愿意顺从呢?对于大多数男人来说,他们的妻子,即便不是唯一的朋友,也是自己最好的朋友。这意味着失去她的支持会让他付出很大的代价,而由于他没有大多数女性那样广泛的社交网络，这种代价就显得更加高昂（这种社交网络方面的差异也可以用来解释为什么男人离婚后的患病和死亡率更高）。

另外，许多走进婚姻围城的男人已经折损了自己表达情感的能力。他们在谈论情感时变得更加笨拙，而这也可能限制他们将之当作捍卫他人和理解自我手段的能力。男人这种无法驾驭自己情感世界的现象之所以存在，有可能是因为即使是在今天，父母们对男孩使用的情感语言也还是少于女孩子。

男性身份的脆弱性也意味着只消一句羞辱的话就会立马让大多数男人萎靡不振。因此，如果有妻子暗示说他让她有些失望，那么，由于他没有考虑到孰轻孰重或者由于没有太在意，就会觉得自己更有责任去遵循她的意愿，而回避自己没有做一个真正的男人的感受，即使有时这么做意味着减少了和孩子们在一起的时间。

最后，许多法院判给父亲的监护权远少于母亲，从而削弱了离婚后父亲与子女之间的依恋关系。

母亲和继母，女儿和继女

另一方面，做一名继母也不是一件容易的事。许多继母感到自己必须承担起抚养子女的全部代价——对孩子幸福健康的责任，要求自己做得更好的心情，配偶的责备，继子女的怨恨——却丝毫享受不到其中的好处。继母不仅有理由担心家里的钱流到丈夫前任或子女的腰包，而且她们扮演着一个令人沮丧的角色：尽管自己对什么是好的育儿方式很有见解，但却不能表达自己的观点。至少可以说，如果不想破坏丈夫和继子女的关系，她们最好不要这么做。

反过来，即便是继母最深情的恳求，继子女也可能会抗拒。父母的离异或父母一方的离世带给他们的悲伤、内疚感和失落感依然挥之不去。他们可能会由于担心自己的不忠诚而无法或不愿建立起新的积极关系。

在马克的案例中，马克的孩子是女儿而不是儿子，这一事实也增加了他和新任妻子与之发生冲突的风险。研究表明，母女联合体尽管面临很多挑战，但也可能是最有韧性的。得克萨斯大学奥斯汀分校的卡伦·芬格曼教授认为，这种母系社会的优势让母亲和女儿之间能够频繁地通电话，互相鼓励，互相给对方建议，而这种沟通的频率要高于父女或者母子。

★ ★ ★

马克采用我的策略后，与小女儿之间的关系取得了进展，但是他的大女儿却不太情愿。这似乎是由于大女儿更担心母亲，再加上她反复无常的性情和不宽容的性格。小女儿在马克改换策略后的几个月内就做出了回应，但是大女儿还是和他保持了整整3年的距离。之后她开始慢慢向他敞开大门，是由于他做出的一些改变：他每月一次地持续与她保持联系，克制自己不去批评或抱怨他的前任，并且积极设法避免让她对自己的疏远感到内疚。

被疏远的父母总是想知道距离这一切的结束还要花多长时间。遗憾的是，父母不可能知道。孩子有自己的时间表；父母影响它的权利或者能力有时是有限的。父母的主要任务是让对方清楚，自己可以随时奉陪，愿意改变自己，愿意为双方的关系做出努力，愿意尊重孩子获得一个他们理想中的关系的需求。

迟暮之年的父母要离婚

索菲是位65岁的母亲。她与丈夫在一起的时间已经超出了她的意愿。她对我说："我甚至在我的孩子还不到十几岁的时候就想离婚了。但是我不想让他们遭受离婚的痛苦，所以我想等到他们上大学之后再对此做个了断：翻开我人生的新篇章。但是后来我们生意赔了，承受不起离婚和送最后一个孩子上她考取的大学的负担。我们一致认为，对她说我们没钱送她上学，这对她来说是不公平的，因为之前我们出钱支付其他两个孩子去他们理想的去处，所以我们又苦等了四年，直到她大学毕业后我们才告诉他们。"

"我的两个年长的孩子很平静地接受了我们离婚的决定，可能是因为他们两个都已经离开家一段时间了，而且他们都是再随和不过的孩子。但是我的最敏感的女儿丽莎却很难接受这一事实。这让我感到震惊，因为在这三个孩子当中，只有她曾经对我和我丈夫说，我们的婚姻糟透了，应该结束这段婚姻。坦白说，我以为她会感到释怀。至少我以为如果她会对抗任何人，那个人应该是她的父亲，因为作为父母，我照顾孩子的时间比他多得多，而且我们两个一直很亲近。"

这就是部分的问题所在：对于某些成年子女来说，父母离婚后，如果自己无法做到对父母随叫随到，那么父母新的单身状态会让他们感到内疚。或许让成年子女感到困惑的是，自己对父母的幸福应该承担起怎样的责任，而且他们可能会减少或者断绝与父母的联系以找回独立的感觉。

丽莎感到自己应该为母亲的幸福承担起责任。这种心理其实是婚姻中存在已久的冲突造成的结果。在不幸福的婚姻中，孩子常常会感觉到父母的孤独或者满足感的欠缺，并因此而发展出一种倾向，想要帮助父母感到更有价值，有更多的爱，更有成就感。这会使得一个敏感的孩子获得比其他兄弟姐妹更多的、只有在这种特殊情况下才能获得的关注和依恋。随着孩子的成长，这种亲密关系也有可能会成为他或她必要的人生意义和身份的来源。

但是，这种亲密关系也可能会超出其功用的时效，并且在以后成为孩子的包袱，尤其是在父母离婚后其责任感增强的时候。此外，看起来似乎是并且有可能曾经是互惠互利的关系，后来也有可能在孩子眼里（无论是对是错）变成来自父母一方的剥削。

在索菲还没有离婚时，她的需求会因丈夫的存在而有一个上限——丽莎可以确信，照顾母亲的工作是父亲的，而不是她的。两人离婚之后，这种想法不复存在。丽莎感到照顾母亲的责任落在了她的肩上，而且是她一个人的肩上，此时她出于天性的照顾母亲的意愿变得越来越沉重，尤其是当年长的兄弟姐妹跳出局外之后。

在这种情况中，以及在许多类似的情况中，成年子女可能需要疏远的清晰界限，来检验父母（或她自己）是否能够在这一新的关系中安然无恙。这就是为什么我经常告诫父母，过于激烈的反抗，表现得很受伤或者很愤怒（这些反应是可以理解的），只能表示你太缺乏自信，因而无法忍受这种新的、有更多限制的约定规则。换句话说，家庭有时候就是有分才有合。

作为我工作的一部分，我有时会亲自给疏远的儿子或女儿写一封电子邮件，看他们是否愿意与我交谈。我写给丽莎的信是我的一个常用的格式。

收件人：索菲·加纳

亲爱的丽莎：

请原谅我冒犯你的隐私。我是一名心理学家，承蒙你的母亲因我在解决父母与子女冲突方面的专长而联系我。我不知道你是否愿意考虑同我简要地谈谈你的母亲。

基于我以往的从业经验，我知道如果没有充分的理由，成年子女不会断绝与父母的联系。我写信的目的并不是要鼓励你与她和解，而更多的是为了便于我帮助她更好地了解真相。你是否愿意就此进行简单的电话沟通？

祝一切顺利！

乔什·约书亚·科尔曼博士

大约有60%收到我的邮件的成年子女回复了我：在回信的人当中，

大约有20%的人说他们对此不感兴趣，另有20%的人写了很长的、常常是语气愤怒的回信用来解释，然后要求我永远不要再与他们联系，其余60%的人同意与我交谈。大多数成年子女，甚至是那些拒绝理会我的人，都不会轻易选择疏远，而且可能在他们的内心深处抱有某种希望，希望情况能有转机。

在那些确实与我交谈的人当中，大多数人最终同意与我和他们的父母进行一些会谈。他们为什么此刻愿意接受家庭治疗而以前却不愿意呢？我相信，愿意与父母的治疗师通电话的成年子女和那些不愿回复邮件或者仅仅写了一封愤怒的自我辩护信的人相比，紧闭的心门已经略有松动。不过，这也是因为我的做法正是我建议父母们采取的做法：我会倾听他们，同情他们，而且我会认为他们的感受是合情合理的。此外，由于大多数人都担心我会站在父母的一边，我会明确表示我的治疗目的是为了帮助父母承担起责任，帮助他们更好地理解成年子女疏远自己的必要理由。我会声明治疗的另一个目的是弄清楚如果有和解的机会，那么父母需要做些什么以求取得进展。

在进行家庭治疗之前，我还会指导父母，让他们知道这是我们共同努力的目标。如果我得知他们偏离了这些目标，那么我会把他们带回来，而且必要的时候，我会强力把他们拉回来。大多数父母本能地（或者出于绝望）能够理解这一点，但是让人感到不可思议的是，有些父母总是禁不住要去责备、羞辱自己的成年子女，或者让他们陷入负罪感。这种做法只会将刚刚启动的和解的时钟拨回零点，甚至更糟。

情绪变化处于不同频段的母女

幸运的是，尽管经历了4年的疏远，丽莎还是同意与母亲进行几次家庭会谈。在我与丽莎进行的第一次单独会谈中，我越来越清楚她对母亲表现出的强烈的愤怒和鄙视其实是对自己深深的内疚感和责任感的一种防御。

"听我说，我很清楚。我妈妈和我爸爸根本不应该结婚。他是个好人，但是他很蠢。她是那种超级敏感的、有需求的人，而他是那种总是心不在焉的理工男类型的人，如果没人狠狠敲他的脑袋，他就不懂得什么是情感。这大概就是他对她有吸引力的原因。"

我对她的观察深以为然。人们经常会看到，一个极度情绪化的人和一个极度非情绪化的人有时会互相吸引。有时候，情绪化的人喜欢非情绪化的伴侣所带来的稳定性和低反应度，而非情绪化的伴侣喜欢接触到情绪化的伴侣情绪上的兴奋感。

丽莎继续说："我不是心理学家，所以我没有资格对我自己的母亲进行心理分析，但是如果你知道她小时候的那种家庭环境，你就会明白为什么她想尽可能找到一个最安静、最不易动感情的人。"

"为什么？她有一个怎样的家庭？"她或许不是治疗师，但她是一个很棒的观察者。

"噢，我的天啊。如果他们是我的父母，我一定会去自杀。查一下有关'植入负罪感的犹太父母'的定义，你会知道我的祖父母马克斯和戴尔是什么样的人。他们的那所房子里只有一种音量,而且是很高的音量。我很惊讶我的母亲竟然没有被那些喊叫声震聋。那已经是他们年老的时候了。我无法想象在她小的时候,在他们还精力旺盛的时候,会是什么样子。不要误会我的意思。我非常喜爱他们,他们是很棒的祖父母,但是大喊大叫和增添人的负罪感是那所房子每天都要上演的节目。"

我对她充满深情和批判的描述报以微笑。

"听起来你实际上对母亲抱有一定的同情。"

"确实是。我很同情她。她是个有才华的、了不起的、强大的女人,但是当她在我身边的时候,就变成了个哭哭啼啼的、不自信的可怜小女人,尤其是在离婚之后。"

"是离婚之后越来越严重了,还是一直都是这样?"

"嗯,她一直都是个特别喜欢向人诉苦以博取同情的人,就和我的祖父母一样,而且她是继承得最好的一个。可是自从她离婚以后,就好像她希望我总是能立刻随叫随到。我的的确确有我自己的生活。"

"嗯,你说的有道理。你是觉得她现在希望你顶替你父亲曾经扮演的角色?"

她频频点头:"这让人感到很奇怪,因为我之前说过,他们的婚姻并不幸福,而我过去总是恳求她离开他,因为她明显不快乐。但是,不管怎么说,至少他是一个可以陪伴她的大活人。可现在她只能独自一人生活在公寓里。"

"你为她感到难过?"

她沉默了良久之后才回答我。人们很少知道，悲伤是一种多么强大的促使人逃避的动因。

"那是她自己的生活。我又没有让她嫁给我父亲，生3个孩子，然后离婚。"

"没错，但是似乎是离婚后她让你感觉到了更沉重的负担。"

"对，绝对是更沉重的负担。我想我对她的气愤已经超过了我对她的怜悯。我没有责任要让妈妈开心。"

"说得对。那是她自己的责任。"

丽莎和索菲陷入了一种常见的、同时又被离婚加剧了的母女关系的旋涡之中。出于同样的原因，母女联合体可以成为所有家庭关系中最亲密和最有韧性的，但也可能是最紧张的。正如新闻记者露丝·惠普曼所言："无论是在最好还是最坏的情况下，母女关系的亲密程度有时可能不亚于两个人之间的心灵感应。这是两个高度社会化的人，都有足够的能力预测并且满足对方的情感需求，因此这种关系会演变成为一种高度警惕的共情，两个人都在持续不断地试图破解对方内心的想法，对语气或者声调上的任何变化都高度敏感，就像两匹神经高度紧张的赛马。"

丽莎越是坚持自己与母亲分开和保持独立的权利，索菲就越有一种被抛弃感和恐惧感。索菲越流露出被女儿抛弃的感觉，丽莎就越感到负担沉重。这些情绪通常会按照以下顺序发展：

1. 同情：我母亲很痛苦。
2. 评价自己的这种情绪：

a. 感觉到母亲的痛苦让我感到难以承受。

b. 我对此没有任何免疫力。她的痛苦会传染给我。

3. 重新调整责任的指针，以减少这种同情的感觉：

a. 这是她的责任，不是我的。

b. 她让我感受到她的痛苦，可见她的自私。

c. 她应该去接受心理治疗，而不是让我担起这份重担。

d. 她让我有那样的感觉，她一定有什么地方真的有问题。也许她是个自恋者。

从母亲的角度看，顺序可能是这样的：

1. 我女儿的抱怨和拒绝让我感到伤心、羞耻和害怕。

2. 我始终是一个尽职的父母，所以把我对她的行为的感受告诉她，应该对我有利。

3. 我应该加倍努力告诉她我有多受伤。如果她能看得更清楚，她就能够对我比以前更好，更支持我。

4. 我甚至都不能告诉她我的感觉并且让她对我态度友好些，这证明她并不真正在乎我。

我们可以很容易地看出，这种反馈循环是如何引发灾难的；两个人并不在一个频段上。这也正是为什么我总是很愿意让被疏远的父母和他们的成年子女坐在同一个屋子里或者参加同一场电话会议，因为这样可以更快地暴露出这一类或者其他不良的反馈循环。

疏远的核心——不被遵守的界限

当我与丽莎和索菲见面时,我询问她们对于此次会谈和母女关系有什么预期的目标。丽莎和索菲都提出了相似的目标:减少冲突,改善沟通,还有就是——通常是成年子女的要求——设定好界限。在与父母或者成年子女单独的会谈中,我问他们,当我们在一起时,有没有什么事情是他们在大家聚在一起的家庭会谈中不想提及的。这样,我就可以在感觉到一方或双方都在回避敏感的话题时切入正题。

丽莎(开启对话):我只是觉得我母亲需要她自己的生活。

索菲(生气地):我有自己的生活,丽莎。

我:希望妈妈有自己的生活,或许可以把这句话的意思讲清楚一些。

丽莎:对不起。

我:不需要道歉,我认为你在试图表达一些有关你的感受的很重要的东西。(我想让对方清楚我不是在责怪她,而是鼓励她试着以一种不那么具有挑衅性的方式表达自己的意思。)在我们的单独会谈中,我记得你说过,你对她的幸福的责任感超出了你的意愿。你这句话所指的是不是这个意思?

丽莎:是的,我感觉她的整个世界都围绕着我和我所做的事情转,而我真的不需要这种责任。我有自己的生活。

我:那么,如果她有自己的生活,情况会怎样?你和她的关系会有什么不同？她会更快乐吗？会少给你打电话吗？会少一些抱怨吗？

丽莎：是的，全部正确。

索菲（生气地）：我什么时候抱怨过你？我从不跟你说话。我已经4年没有和你说过话了。

丽莎：真的吗？天啊，我不知道。如果我说没完没了呢？这就是为什么我中断了与你的联系。这是让你给我一点空间的唯一办法，因为你从不听劝。

我（选择暂时对挖苦不予理会）：有没有什么具体的例子？

丽莎：嗯，在我中断与你的联系之前，我让你不要几乎每天都给我打电话，而你对我的请求简直就是充耳不闻。

我：是真的吗，索菲？

索菲：可是，我是她的母亲。如果我想打电话给我女儿，我就应该可以打电话给她。她可以不必接电话。

我：但是她让你不要每天打电话给她而你还是每天打，她说的这句话是对的，对吧？

索菲：我这么做犯法吗？

我：我不知道这是不是犯法。我只是想弄明白你们的关系中发生的事情。此刻听起来好像是丽莎提出了一个请求，但你无法做到，或者不愿意做。我只是想了解你的感受。是不是因为不和她说话会让你感到担忧？孤独？害怕？

索菲：嗯，当她拒绝回我的任何电话时，我确实感到害怕。

丽莎：好吧，妈妈，但是问题就在这里。一开始并不是这样的。我如果不冲你大声喊叫，你决不会听我的；然后你就表现出一副受害者的样子，好像我是世界上最残忍的女儿。好像一直都是这样。

索菲：你的确是。我没那么做。

我：丽莎是世界上最残忍的女儿？（我不想回避对这一点发表看法，只是说话时带着微笑，让她知道她已经越过了红线。）

丽莎：是的，我是。我的确是！

索菲：不，我不是这个意思。

丽莎：你刚才就是那么说的！

我：现在，让我请你妈妈发言。从丽莎的角度看来，似乎是她刚开始时针对你们联系的频率提出了一些合理的要求，而你却无法做到。我相信你有你的理由，而我也想对此有所了解。但是从她的角度看，你无视她的这些要求，可能会让她感到你对她设定的维持关系的条件没有持开放态度。

索菲：什么条件？我已经4年没有和她说话了。

我：但是她现在就在这里，所以我猜想那是因为她也想要改善关系，或者看看是否可以这样做。我怀疑丽莎的话有一定的合理性：她说她最开始提出了合理的要求，然后，由于你没有照做，她就觉得是你不愿意聆听她的需要。

丽莎：完全正确。

打破不良反馈循环

为了让治疗能够持续下去，双方都必须为互动承担一些责任。会谈继续——

我：丽莎，我认为你对你母亲是否有自己的生活的担忧与你感到对她的幸福负有过多的责任有关。也许你的怒气是一种拦截自己对她的责任感的防火墙。

丽莎：有可能。我得考虑一下。

我：所以，对你来说，索菲，当你不能或没有尊重丽莎的要求时，她会觉得你太缺乏自信，需要依靠她来获得幸福。我知道给你的感觉不是这样的，但这就是给她的感觉。

索菲：我不相信这是真的。真的是这样吗，丽莎？

丽莎：是的！这正是过去3年里我一直想告诉你的。并不是说你是个坏妈妈。你是一个了不起的妈妈。你在很多方面让我很佩服。自从你和爸爸分手以来，我一直感觉你好像希望我来填补这个空缺，而我不希望成为那个人。

丽莎能够说出索菲不仅不是一个坏妈妈，而且还是一个了不起的妈妈，这一事实让对话有了新的转机。最重要的不是要去捍卫她作为母亲的价值，而是如何同意让双方关系继续下去的条件。这也给索菲带来了某种突破，使她有能力从防御转向理解。

索菲：真的吗？对不起，亲爱的。你不必为我的幸福负责。只是你总是那么生气，以至于我都不知道该怎么和你说话了。

我：嗯，我想我在此看到了一个反馈循环。就是说丽莎最开始提出了一个减少联系的合理要求。索菲呢，你对这个要求感到伤心或者感到被抛弃，因此你开始抱怨或者不予理会。这让丽莎担心你不能容忍她的独立，并且因此而感到内疚——同时以愤怒或批评作为回应。而索菲，你感到被女儿抛弃，然后这个雪球继续朝前滚。我认为你们之间应该达成一项协议：索菲，展望未来，你应该对丽莎的要求做出更积极的回应；而丽莎，应该尽可能用温和、非抨击性的语气和语言陈述你的这些要求。这是一个反馈循环，因为你们两个都是对它起作用的因素。我们的目的是要打破这个循环：改换你们的态度，取而代之为一种与对方的内在情绪更协调的方式。

我知道无论丽莎对母亲的抱怨多么有理由，她对她的看法都并不是完全正确的。索菲确实很想念她的女儿，我能看出为什么：丽莎很有趣、很聪明，而且很有见识。但是索菲比女儿心目中的更坚强。她的确有自己的生活，有自己的好朋友，参加了两个读书俱乐部，并且随班就读当地社区学院的意大利语课程。

她为什么不能在相互联系的程度上与女儿达成一致意见呢？父母和疏远父母的成年子女有着完全不同的目标。简单地讲，大多数父母都希望与成年子女尽可能地多接触。但这不是疏远父母的成年子女的目标。他们通常会考虑：如果花时间陪父母，我如何能感觉自己是一个快乐、健康的人？从这个角度来看，成年子女需要走得慢些，并且应该主导双方关系的条款；他们试图成功穿越的心理领域更加复杂。

索菲能够很快意识到自己的行为如何促使女儿需要与之保持距离，这也是一种长处。但是她无疑是会扮演受害者的角色的，而这种性格需要改变。同时，丽莎需要学习如何以温柔的方式分离，而不是愤怒和批评，来回应自己的内疚感和担忧。

虽然丽莎认为母亲不够坚强的看法是错误的，但这种看法在其他家庭中可能是正确的。而这又让和解难上加难。与婚姻一样，父母与成年子女之间亲密、健康的关系确实常常需要双方都能够为这一关系带来一定程度的灵活性。他们必须能够控制自己的情绪，并且不应指望对方给予自己超出合理范围的认可。虽然索菲和丽莎最终能够让她们的关系重回正轨，但是仍有一些成年子女（尤其是单亲母亲的女儿）对母亲的不幸福感到不知所措，以至于除了不理会自己的母亲之外，她们没有其他办法能够专注于自己的生活。

在我帮助那些遭遇这类困扰的父母时，我建议他们告诉自己的子女，他们正在寻求帮助来解决自己的抑郁、焦虑或其他问题。我告诉他们，他们必须要让子女看到，自己正在为自己创建有意义的生活。我告诉他们，如果他们还没有这么做，那么他们应该试着开始。如果子女有任何迹象表明他们感到对父母的幸福所担起的责任太过沉重，我会鼓励父母承认是他们自己部分地促成了孩子的这种想法，并且应该表达出与成年子女建立起一种不会让他们有如此沉重的责任感的关系的愿望。

发现父母的婚外情

瑞克十多岁的时候在他母亲的手机上看到这样的短信："昨夜春宵难忘。等不及今晚见你。"最初，他以为这是给父亲的短信。他打算放下手机，心里感到对某种"太多太具体"的东西的恶心。然后，他意识到他妈妈前一天晚上没回家，并且说她那天晚上还要出去工作，而且不带爸爸。一种奇怪的恐惧感促使他翻看了那一连串的短信。显然，那些短信不是发给他父亲的。短信的内容变得越来越直观和具体。"我真的很想要你在我的身边。现在！"瑞克感到自己被一拳打倒在地上。他想象着他的父亲读着她给另一个男人发的这些短信时的样子，感到想要保护他。他也对母亲的行为感到震惊，因为她总是说诚实有多么重要。

瑞克麻木地走进厨房，她正在那里吃早餐。他决定不对任何人提起这件事。

"嗨，亲爱的，"他的母亲抬起头说，"你不舒服吗？怎么了？"

瑞克想要说谎。他真希望时钟能倒转回他发现这些短信之前的时间，那时他曾天真地相信自己的父母彼此相爱，而且在他面前都是真实的表现。

"没有什么。学校里的事儿。"

克拉拉习惯了她这个十几岁儿子单音节的、没有感情的语调，所以她又低下头看自己的早餐。

然后他爆发了。他无法按压心中的怒火。

"这究竟是怎么一回事?"他把她的手机扔到她面前。她大惊失色，随后迅速竭力恢复正常。

"你用我的手机做什么？"

"我在查找东西。我的在另一个房间里。谁是吉姆·奥斯本？别假装一副吃惊的样子。"

"瑞克，别这样跟我说话。而且我没有。他是和我一起工作的朋友，我希望你不要碰我的手机，不要进我的卧室。"

"哦，所以，如果一切都很正常，如果他只是工作上的朋友，那么我敢肯定，爸爸回家后我给他看你的电话，他不会介意的。"

"给他看！他以前见过吉姆。"克拉拉撒谎的技术很差。

"真的吗？我不是小孩子。"他强忍着泪水说，"承认吧，你有外遇，而且除了你自己，你谁都不在乎！"

"瑞克，我知道你很生气，但事实根本不是你想的那样。我是你妈妈，你不能这样跟我说话。"

"你不是我妈妈！"瑞克开始哭泣，同时跑出了房间。在他狠狠关上门之前，大喊：" 你是个坏人，我再也不想让你跟我说话了！"

克拉拉几乎没有意识到，这个再也不说话的宣言会成真。她确实有外遇，但并没打算与他父亲离婚。她多年来一直试图让自己的婚姻更亲密，却无济于事。她爱她的丈夫，甚至带着浪漫色彩。他是个品行端正的人，她为他们共同创建的家庭感到骄傲。但是他们的夫妻生活几乎为零，在花了好几年时间试图让它恢复正常之后，她放弃了。她几乎嫉妒自己的中年女性朋友，她们抱怨丈夫仍然想要亲密，而她们只是想一个人待着。她不是那样的人。她一直认为自己是一个欲望强烈的人，但是以前她的那些最可心的恋人通常都没有足够的能力成为可靠的伴侣。她与丈夫结婚的部分原因是因为他给自己安全感、有保障，而且可以让她得到一些她以前的男友无法满足她的东西。

在婚姻的大部分时间中，她都觉得自己做出了正确的选择。是的，鲍勃不是一个非常活跃的爱人。但是他作为丈夫和父亲的稳定和忠诚弥补了他的这些不足。她自己有一对离异的父母。她已经决定，绝不会因为丈夫不像她那样欲望强烈而破坏一个有孩子的婚姻。这是一个值得做出的妥协：多年来，她借助那句"人无完人"的箴言获得了一定程度的宁静。

但是当她的同事开始和她调情时，她发现自己满脑子都是对他的幻想。7个月后，他们还沉浸在有趣而充满激情的不正当关系中，但她知道总有一天会结束。他是一个很棒的情人，但她很难想象他会成为一个很棒的丈夫。她向他明确表示，她爱自己的丈夫和家人，并且她永远不会为了他离开丈夫。对于她来说，这件事只是权宜之计，可以让她在不破坏家庭的情况下重新获得自己所珍视的自我的一部分。

她也知道，对丈夫不忠是有风险的。他不是那种"什么事情都能化解"的人：他不会为她的乞求而恢复对她的信任，也不会反思他自己的不足之处如何成全了另一个人。他是一个善良、宽容的人，但条件是你是和他站在一起——而如果你激怒了他，那么你和他就此永远画上了句号。她在他对自己兄弟的所作所为中了解了他的这一性格。

她并不需要去责备他。她知道这非常危险，因此她一直非常小心谨慎地隐藏着她与这位同事的关系和对话内容。她恨自己没有像以前一样一直锁好手机屏幕并且删除最近的短信。

尽管经历了一轮不安和痛苦的夫妻心理治疗，克拉拉的丈夫还是感到自己无法再度信任她。他想要离婚。一年后，他们离婚了。她的儿子——信守自己的诺言——拒绝看望她，拒绝和她说话。克拉拉不仅因这段婚姻的告终而感到痛心，而且为与孩子之间关系的剧变而感到伤心欲绝。

尽管法院判她与丈夫对半承担法定和生活监护权，但法官说，鉴于她的儿子已经14岁，他可以自己做决定。养育令通常要到孩子18岁时才适用，但法院通常会顺从青少年的愿望。她的女儿10岁，法院判决她可以每周探望一次，然而女儿也变得越来越冷漠与疏远。当她去看她时，她一个字也不愿意多说。她对最简单的要求也很反抗和敌对。

法院、法官和律师本应履行的责任

对于处于任何年龄的孩子来说，发现自己父母的婚外情都是一件难以承受的事，尤其是如果父母当中的另一位利用这种婚外情来恶意影响孩子对其前任的看法，情况会变得更糟。如果有什么事情可以让一位父母发疯，那应该是看着自己的孩子从自己的掌握和影响中慢慢消失，取而代之的是一个突然模仿起另一方的指责和感情的孩子。

在心理学中，这种现象通常被称为亲子疏离。发展心理学家艾米·贝克提出了通过研究确定的17个主要的达到亲子疏远的策略，这些策略可分为五大类：

1. 向儿童传递关于目标父母的有害信息，在这些信息中他或她被描绘成没有爱心的、不安全的、不愿见他们的父母；

2. 限制孩子与目标父母之间的联系和沟通；

3. 删除和替代孩子心中的目标父母；

4. 鼓励孩子背叛目标父母的信任；

5. 逐渐削弱目标父母的权威地位。

综上所述，这些亲子疏远策略通常会造成孩子与目标父母之间的冲突和心理距离。

针对亲子疏远的治疗通常难以获得，因为许多法官对于疏离发生的难度以及持续的程度缺乏经验。另外，疏离一旦开始发生，就会诱发父母做出一些让自己显得更有问题和更失衡的举动。法官或者有动机的律师可能会认为目标父母比那位在幕后与目标父母作对的父母能力更差，应将孩子交由另一方监管或由双方共同享有监护权。

当克拉拉来我这里咨询时，她的儿子22岁，女儿18岁。自从离婚以来，她一直没有与儿子直接说过话，她的女儿在13岁生日后也拒绝与她见面。她找到我，征询我的建议，以决定是否应该参加即将来临的儿子的大学毕业典礼和女儿的高中毕业典礼。两人都告诉她，不欢迎她参加他们的毕业典礼，但她是否还是应该去？同时，她的前夫在他们分手两年后结婚。他很冷漠，不愿意帮助她和孩子恢复关系。他还否认他与孩子们串通一气抛弃她。自从失去这段婚姻以来，由于担心自己的孩子会进一步疏远她，克拉拉一直没有找男朋友。

更糟的是她收到的糟糕的法律和心理建议。离婚时她的治疗师告诉她，要尊重孩子提出的保持距离的要求。他将他们的保持距离解释为与其年龄相适应的一种独立的形式。和许多治疗师一样，他错误地认为，这种疏远和她前任借其婚外情的攻击都将随着时间的推移而得到化解。"不用担心。你是一个好妈妈。他们长大后会回来的。"

然而时间和距离往往是敌人，而不是盟友。它们会造成某种思想的僵化。在没有共同生活经历的情况下，父母和孩子彼此之间会变得陌生。被另一方父母主动疏远的父母必须迅速果断地采取行动。

成年子女的父母几乎无法利用法院来为自己谋取利益，然而未成年人的父母有时却能够做到。如果克拉拉在疏远发生的初期来我这里咨询，我会建议她辞去她的那位对亲子疏远问题一窍不通的律师，然后重新聘请一位了解这方面知识的律师。我还会鼓励她的律师请求法院同意进行结构化的、指导性的，或者有法院监督的"重新团聚治疗"，直面对父母与孩子之间的疏远问题。离婚之后，进行"重新团聚治疗"是有必要的，因为这种治疗方法认为，当人们能够讨论、研究和解决各自的想法、感觉和态度时，父母及子女双方都能从中受益。在这种治疗方法中，子女的抱怨和想法会得到认真对待，但却不会被理想化；那些看似比父母更可靠的言论，也不会被盲目地接受。这种治疗方法主张帮助一些父母学会如何与子女建立起更和谐的关系，并且承认子女很容易受到有动机的前任的影响。

一般情况下，法院还应该要求主张疏远的父母认真对待治疗的目标，因为主张疏远的父母有时几乎没有让孩子靠近被疏远的父母的积极性。由于有些孩子在父母离婚后显然很痛苦，法官和治疗师常常会建议为这种处境下的孩子提供单独的治疗，然而这是一种错误的做法。如果不借助有父母参与的协作治疗，单独进行的儿童心理治疗几乎无法探查到父母当中的一方是如何强有力地、消极地影响着孩子，使其站到另一方的对立面的。而且，由于存在信息传递的偏差现象，单独治疗还可能会对团聚治疗的目标产生不利的影响。

在较极端的情况下，有经验的法官可能会建议让被洗脑的孩子在足够长的时间内与实施离间的父母没有任何接触，以便孩子能够自由地重新与被离间的父母建立联系。当然，如果孩子曾受到这位父母的虐待，而且让孩子与其单独相处对孩子不利，那么法官则不会提出上述建议。

但是，即使某一方父母存在某种形式的虐待或疏于照顾的行为，法院和专家也不应该太过草率地弃之不顾，而是应该将其视为同样需要同情、保护和指导的人。让一位已经遭受创伤的父母与孩子隔离，这是对她造成的二次创伤。这对于修复他们之间的关系几乎没有任何帮助。这种做法会让孩子领悟到，父母是一个不仅可以被抛弃，而且应该被抛弃的人。这种启示在孩子和遭受抛弃的父母心里都会造成特殊的影响，因为它来自法律和心理咨询机构道德上的许可。这些法律和心理学举措或许是特别不公正的,因为研究表明,美国原住民和非裔美国人的父母比白人父母更有可能会因某种形式的伤害指控而被人将孩子从家中带走送到寄养中心去。

《冲突激烈的监护权之战》的合著者布莱恩·卢德默指出:"当家庭关系出现棘手问题时,除了法院的权力外,没有任何办法可以打破这种状态。这个过程必须要有约束,这也就意味着必须要设置一个开庭日期,来迫使蓄意阻挠的一方端正行为。"他观察到,心理治疗师通常在以下几方面弊大于利:

1. 他们会受到父母当中某一方或其律师的拉拢,并且以他们的叙述为标准来过滤他所听到的一切,而不是假设父母双方都有合理的观点。

2. 他们看不出某个顽固不化的家庭的心理学或者法医学迹象,例如拒绝开车送孩子去另一个父母家里,在和解治疗中迟到,或者根本不参加。

3. 他们没有向法院申请将修复父母与子女之间的关系作为目标的授权令。

4. 他们不愿向法院报告父母当中的一位对和解进程的妨碍,例如拒绝带孩子参加和解治疗,或者暗中破坏治疗过程。

5. 他们将被疏远的父母看作是无法救赎的人,而不是需要帮助的人。

6. 他们不理解治疗过程需要依靠速度、紧迫性以及针对进度制定的目标节点来进行。

在许多情况下，父母可能会遇到法院不愿给予帮助的状况，或者由于客观条件无力负担治疗费用，因而只能靠自身的力量来应对。以下列举了父母在独自应对前任的指控时可能会遇到的问题，对于父母采取措施和子女了解事实都会有帮助：

1. 父母难以保持冷静。前任很可能在孩子面前对父母恶语中伤，而人们常常会忍不住做出回应。然而，所有年龄段的孩子在经历令其困惑的亲子疏远风暴时，都需要至少一个理智的人。利用孩子来侮辱对方不会对他们有任何帮助，而且还会让人看起来缺乏安全感。

2. 当孩子抱怨父母时，由于知道是前任在幕后指使，父母会努力去证明他们看法中的不合理性。然而，孩子所需要的不是一个在他们眼中逃避错误的父母。父母应该设法去找出其中真实的内核，将自己定位为愿意并且能够自我反省的人。

3. 父母拒绝认同孩子的抱怨。人们常常会把精力放在追究问题的对错上，试图证明自己的清白。但实际上，承认孩子的抱怨有可能是有道理的，可以让孩子放松防御心理，不再坚称父母是错的。此外，孩子通常意识不到自己的记忆是虚假的、受过引导或者刻意误导的。对此，父母应该表现出自己的包容、专注和爱的能力。

4. 父母被前任的诽谤所激怒，变得与其描述的形象越来越近。人们很难在明知自己遭到污蔑时还保持平和的心态，许多父母因为孩子口中描述的那个与实际大相径庭的自己的形象感到受伤，甚至产生过激反应，在孩子眼里却反而验证了前任的说法。若想对治前任的诽谤，最好的办法是不要成为他对他人所宣扬的那个形象。孩子希望看到的是有爱心，有适应能力，尽心尽力的父母，越是避免对孩子做像前任所做的那种事，对孩子越有好处，也就越让他们感觉可以重返父母的身边。

父母其中一方的谎言

对于任何年龄阶段的离婚而言，这都可能是一个最常见的难题。父母有时可能会有意无意地通过以下方式削弱孩子对父母中另一方的尊重。

1. 揭露父母中另一方在婚姻生活中通常与作为父母的角色无关的行为。例如，父母一方将另一方的外遇透露给原本不知情的孩子。再比如，马克的前妻告诉孩子们，他在情感上无法满足她的需求。她这么做的目的是博得孩子们的同情，并且同她一起瞧不起他。（有很多人能做得好配偶，却做不好父母；还有很多人能做得好父母，却做不好配偶。）

2. 将父母中的另一方与抚养孩子无关的可耻行为告诉孩子。

3. 在是否支付或收到子女抚养费或赡养费的问题上撒谎。

这份清单还可以继续列下去。因为离婚后可讲的谎言的数量是没有上限的。对于孩子来说，父母回应这些指控的方式很重要。孩子希望父母谈的是他们，而不是父母自己。例如，父母这样的回复会起到反效果："我真不敢相信你妈妈跟你说我从来没有付给她抚养费。我付给她那么多钱了。真是个骗子！"孩子想要的回答应该是这样："嗯，我不清楚你妈妈为什么这么说。我还留着那些付讫支票。如果你想要，我可以给你看。但现在我更担心的是，你听到这些话之后的感受。想到我没有支付子女抚养费你一定很不高兴。"说到底，孩子希望的是感受到父母对自己切实的关注和关心，而不是凌驾于其之上的愤怒。

而另一方面，对于一些诸如有关性虐待的虚假指控，父母则应直接予以驳斥。这类严重的指控会对孩子造成严重的伤害。如果孩子已经长大，被指控有虐待行为的父母应该迅速做出明确的回应："我可以百分之百清楚地告诉你，这种事情从未发生过。我不会骚扰任何孩子，尤其是我自己的孩子。"如果成年子女已经有了这种心理倾向，父母可以重申："我知道有时候人们会以某种方式记住过去的事情，因为他们试图回忆起关系中其他令人不愉快的部分。我会非常愿意倾听你对我的任何抱怨。而且，如果你想找一位有资质的家庭治疗师来谈谈你记忆中的任何事，我也很乐意这样做。"但要确保那位治疗师擅长这一领域。

★ ★ ★

出于本章中所讨论的诸多原因，离婚既可以让疏远问题变得更容易解决，也可以让它更加复杂化。它可以弱化子女对父母的看法的影响力，同时让他人进入子女的生活，而这个人更希望削弱这位父母取得和解的能力。鉴于所有这些原因，父母要学会冷静、有效和勇敢地回应，子女也应试着用更加开放的心态看待双方的说法，这对于将来任何形式的和解而言都是至关重要的。

第4章

成年子女的精神疾病和成瘾症

在家庭中，会话变成了语言考古学。这些会话构建起我们共同的世界，并将其层层印在羊皮纸上，我们的现在和未来因此而被赋予了意义。问题是，将来如果有一天我们想要探究这些私密档案，重新播放家庭录像带，那时，会不会有一个故事，或者一道声音景观呈现出来？或者，那只不过是些声音、瓦砾、噪音和废墟？

——瓦莱里亚·路易塞利，《丢失的子女档案》

25岁的肖珊娜从未有过轻松的日子。从童年到成年，焦虑和学习障碍始终严重影响着她的日常生活。她出众的智商也弥补不了这一切带给她的伤害。在她成长的过程中，她的父母为她提供了一个囊括各个领域的支持团队，包括治疗师、精神科医生、教练和学习专家。

直到肖珊娜高中二年级的时候，她的父母才发现她染上了酗酒的毛病。她在一次学校活动中酒精中毒而被送进急诊室。医院的工作人员告诉她的父母，她严重酗酒，并建议他们将她送往加利福尼亚州纳帕市进行为期30天的康复治疗。她出院几周后旧病复发，于是他们把她送到犹他州的一个野外训练营。然而这些都无济于事。此时她的精神科医生建议父母送她到俄勒冈州接受住院治疗，并且希望她可以从那里转入大学。尽管她有严重的学习障碍，但是她在SAT考试中获得高分的读写能力，再加上她出色的写作能力，能够确保她进入一所不错的大学。他们以为她上大学之后就能具备完成学业的心理素质。

但是她没有。

勉强读了一年级后，肖珊娜在第二年的第一学期就辍学了，并且和一个在康复中认识的男朋友住在了一起。远比这些更让她的父母苦恼的是，她开始责备他们给她的生活带来的痛苦——声称自己再也不想见到他们了。她对母亲感到尤其不满，因为在她看来母亲过度参与了她的生活：带她去看专科医生，监视她吃药，插手她的学习，对在作业中避免不了的弄虚作假发脾气。

当我与肖珊娜交谈时，可以明显看出她对母亲的轻蔑。"她喜欢假装自己是那种超级关心孩子的尽职的母亲，但我真的认为那全是出于她的自私。我认为她不能忍受一个不如她成功的孩子，一个在学校惹事儿的孩子，一个——噢，真丢脸——需要接受康复治疗的孩子。这与她所主张的一切恰恰相反。她崇尚的是那种有洁白的尖木桩栅栏和整齐漂亮的草坪的生活，并且喜欢拿来到处炫耀：'看我有多完美？'而我父亲和她站成一队，就在她身后，对她的话唯命是从，因为他是个懦夫——

所以我对他也不太尊重。"

子女的精神疾病给家庭带来的压力

在过去的几十年中,精神疾病在美国儿童、青少年和年轻人当中的发病率显著上升。尽管关于过分苛求的父母如何在抚养孩子过程中对孩子造成危害的话题已经有不少著述,但是关于患有隐性或者显性的精神疾病的孩子如何增加疏远的风险的文章却少之又少。精神疾病会提高让父母误判和误解的概率。

存在精神健康问题的任何年龄段的孩子都会在家庭中引起类似肖珊娜父母的持续的讨论:她的根本问题是逃避还是缺乏积极性?她是焦虑还是想找借口?我们是管得过多,还是管得不够?我们是应该尊重她停止治疗的愿望,还是坚持要她继续治疗?我们是应该服从她不服用药物的愿望,还是监督她坚持服药?我们是应该敦促她多与人交往,还是允许她整天都待在自己的房间里?我们是应该对她做毒品检测,还是相信她没有吸毒成瘾?我们是应该监督她做家庭作业,还是让她面对不及格的后果?我们是应该把她送回康复中心,让她参加嗜酒者互诫协会,还是让她再次堕落?

这些问题中的每一个都会带来一系列潜在的争论、误解和冲突。这会让孩子更有可能感到受伤或加重病情,也可能会使孩子怀疑父母对他们的信心,继而让父母对自己的能力产生怀疑。

抚养患有某种精神疾病的孩子还会给家庭带来额外的压力,因为父母（无论是否已经结婚）通常会在解决问题的最佳方法上意见不一致；他们会担心支付治疗师、精神科医生或住院治疗的费用（如果真的能付得起这些费用）；他们会为孩子寻找合适的转诊机构费尽心思。在这些家庭中，最尽职尽责的父母很可能以后会被成年子女认为太过讨厌、挑剔、不体贴，或者抚养方法上存在缺陷。

这对于每个人来说都是一种不幸：尽管有这么多关于直升机式育儿方式的危害，但由于学习障碍、注意力问题、焦虑或情绪调节障碍，一些孩子需要一整队的"直升机"。有些孩子对父母的辛苦付出心存感激，然而另一些像肖珊娜这样的孩子则认为父母的高度参与显示出他们的机能失常或者自恋。他们事后会怨恨父母的参与，会把自己想象成一个没有那么多缺陷的人，并且认为假如没有父母的参与，自己会比现在更成功。或者，他们想象着能有一个应对这些家庭困难时更加富有同情心和耐心的父母。

而另一方面，人们也很容易赞同像肖珊娜这样的年轻人的观点：尽管她可能确实需要父母为她做这已经做的一切，但这一过程还是有可能会让她感到渺小、沉重或者压抑，更何况她是独生女。无论用教育或者成瘾的嗜好来克服自身的难题对她来说有多么必要，父母无微不至的照顾都很有可能会让她感到羞耻。无论这种方式多么必要，都可能已经改变了她的主观世界，就如同某种神奇的药物可能会让一个人终身虚弱一样。

尽管她的父母觉得自己付出了英勇的、昂贵的努力，来为她提供一切可以想象得到的资源。但是肖珊娜对她的童年却有着完全不同的看法，尤其是现在她已经开始独立生活，并且在思考着自己为何感到并没有为开始成年人的生活做好准备。

也许子女只是在逃避羞耻感与缺陷感

我在临床工作中发现，成年子女为自己的问题而责怪父母的程度，与他们成年后依然感受到羞耻感或缺陷感的程度之间存在正比例关系。对于这些年轻人来说，成年之后与父母的接触就像一股将他们推出自己的停泊处的强大的浪潮，并且时刻提醒着他们自己小时候的缺陷或者缺点。

那些先天患有任何形式的被称为"精神疾病"的人，以及那些面临诸多其他挑战（例如，学习障碍、谱系障碍、饮食失调、注意力不集中、社交尴尬甚至缺乏吸引力）的人，都可能会感到自己的缺陷或者不足，而这种感觉会让他们难以对自己的生活、成功的能力或者恋爱的能力抱有希望。

在分别与父母和肖珊娜进行会谈之后，我得出结论：与其说这是一对过于严苛的、不懂关怀的、以自我为中心的父母，不如说是焦虑的但同时又是尽职尽责的父母。根据我的评估，我断定肖珊娜之所以需要责怪父母，是为了借此证明自己没有那么多缺陷，而她的父母不应该对抗她的这一冲动。我鼓励他们承认他们一直很担心她的成长。她希望他们从前能找到一种更好或不同的方式来抚育她，一种让她不会感到如此受侵扰、受轻视,如此具有破坏性的方式——无论他们有什么样的意图,也无论他们的这种愿望有多么的不切实际。她的这种想法是可以理解的。

我建议他们承认自己作为父母有一些严重的盲点(因为每个父母都有盲点),并且告诉她他们看得出母亲表现得有多么以自我为中心,而父亲又是多么的纵容她。此外,他们还应该对她说,尽管他们说过意思相反的话,但是他们确实相信她有能力过自己的生活。

我鼓励他们避免为自己辩护,为自己的行为寻找理由,避免让肖珊娜回想他们为她付出了多少,或者试图利用以前的行动来证明自己的爱和奉献。

当父母表示愿意让肖珊娜责备他们,并且对其后果表示理解时,她的生活渐渐有了更多的支持。这是因为她的父母愿意为她肩负起那份让她的生活举步维艰的、令人沮丧的羞耻感。她开始对自己的独立能力感到更加自信。久而久之,她慢慢地变得更有能力允许自己让父母回到自己的生活中。

当我建议以同情代替对抗时,父母有时会担心我在鼓励一种"激活"年轻人的不成熟的立场。持这种担忧的人没能正确理解耻辱感的消极影响以及人们需要使其远离自己的强烈需求。在美国这种高度个人主义的文化中,精英管理制度的误区告诉我们:"如果你的人生不成功,那么除了你自己,你没有任何人可以责备。"在这种文化中,家长尤其需要对成年子女承担更多的责任或表现出更多的同情心。如果父母说

"是的，如果我们可以察觉，如果我们当时能换一种方式，你可能会比现在更好"，这会让成年人对他们自觉的缺憾都不会感到羞耻。

个人主动权的不足

当个人的主动权不足以让你实现你的人生目标时，会出现什么情况？心理学家马丁·塞利格曼曾指出，个人主义的因果关系的归因侧重于持久的个人特征，会在结果不利时让人感到沮丧和悲观。如果假定个体有能力成为自己想要成为的人，那么未能成为那个人会使其产生极大的自责感。

在我的临床实践中，我看到过父母由于没有为子女提供其成年后获得成功所需的经济、文化和心理资本而遭到成年子女的羞辱和抛弃。在这种结构中，造成失败的原因是父母，而不是更大的制度的力量。如果成年子女缺少用于建立幸福和成功生活所需的资金，那么父母就会因子女的不成功和缺乏主动权而受到子女和社会的指责。

这对那些父母来说是极其不公平的。正如历史学家斯蒂芬妮·孔茨所指出的，"美国存在一种将社会问题转变为个人问题，将社会失败转变为个人失败的趋势"。法学教授琳达·芬蒂曼对此表示同意："对母亲严加责备的现象具有悠久的历史根源。即使在有关'儿童'铅中毒的'法院'案件中，可以很明显地看出该负责任的是房东和铅漆的制造商，然而辩护策略却是诋毁母亲——说她的智商低，不是个好母亲。而陪审团通常会认同这一点。"

精神疾病与阶级

肖珊娜的父母很幸运，无论结果如何，都能负担得起他们所给予的照料。此外，他们有一些朋友或同事是医生、律师、治疗师或其他专业人士，可以帮助他们接触到对孩子最好的东西。

许多中产阶层父母还会为他们的孩子寻找昂贵的治疗师、精神科医生和住院治疗，但是他们通常必须背负债务，或者放弃自己的退休计划。至于美国的穷人，却几乎没有其他选择。正如社会学家马修·德斯蒙德在《扫地出门：美国城市的贫穷与暴利》中所写的，没有任何经济能力的父母不得不无助地看着他们的孩子吸毒或者戒毒，加入或者设法躲避团伙，辍学以及应对持续不断的暴力威胁。

与较富裕的家庭不同，贫穷的家庭也没有足够的朋友或者家人可以帮助他们接触有可能对他们有帮助的人。社会资本的缺乏给工薪阶层和贫穷的父母带来了巨大的压力，因为他们不仅不知道向何处寻求帮助，而且即使他们知道该怎样做也负担不起费用。由于在里根执政期间大量取消对精神健康服务和对贫困者的法律援助项目的资助，对于有心理健康问题的工薪阶层或贫困儿童而言，他们最有可能的后果就是进监狱和无家可归。

对于我帮助过的一个家庭来说，确实如此。母亲向我描述了他们的处境：

在车里。一辆小汽车。他们称其为紧凑型是有原因的。小巧但可靠。这是好事。可靠。你应该听说过有人在这样的汽车上行驶20万英里的故事。汽车最终出现在电视广告上,吹嘘它们的可靠性,并借此证明所有这类汽车都可以行驶那么远的距离。这很好。如果你的孩子无家可归,住在这样的一辆车里,随便停在什么地方,那么你会想要这样的一辆汽车。你想要一辆可以开得远的汽车,不会在大雨中抛锚。你想要一部省心的车,因为自从他第一次精神病发作以来,担心已成为你生活的主题。担心和悔恨,悔恨和担心,成为了你所有的想法和感觉。至少他不在街上或什么地方的桥下。这么说警察也很友好,他会告诉你他最后一次在哪里看到过他。他们无法将他送进局子里去,他没有违反任何法律,只要他定期开动自己的车子。他们会带他去哪里?最好的情况是,他会被视为严重的残疾人送到精神病院,在精神科病房里待14天,开始服用抗精神病药,然后出院。只是他讨厌吃药,他会在离开的那一刻停止服药。自他18岁以来,每一次住院治疗都是如此。住院,吃药,出院。住院,吃药,出院。没有团体,没有跟进,没有治疗,没有精神病学家,没有朋友,没有工作,感谢上帝,还有社会安全金,因为他拒绝任何帮助。他可以得到食物和汽油,不会因为寒冷或饥饿而死。就是这样,最坏的情况就是这样。大雪纷飞狂风呼号,几乎要将你吞没的时候,一小堆火也可以温暖你的双手。

有时候你会困惑,你是希望他已经死了还是担心他还活着。

正是这种懵懂让人如此迷茫。"格林堡夫人?""什么事?""对不起,夫人。"一个你想象了很多次的电话,那么多次,以至于不敢相信它还没打来。"我们需要你到警察局来一下。"

你有好朋友,很好的朋友,热忱友善的朋友。他和你同甘共苦。如果你需要,你可以在深更半夜打电话给他。人们会对你这么讲,而你相信了他们。但你仍然恨他们。恨他们的痛苦如此简单:他们冷漠的配偶和挑剔的女儿,他们的财务困境和身体疾病,他们宝贵的生命没有被持续燃烧的悲伤和遗憾所吞没。

你恨你的丈夫,恨他可能会让你的儿子失去理智。恨他可以完全不考虑儿子。恨他相信每个人的脑袋里都有一个开关,而你要做的就是伸手把它关掉。就那么简单。只要不去想它。我现在就是这样。何况,你的儿子还没死。他还没死。据你目前所知,他还活着。他还活着,住在车里。这是好事。

如果孩子在疏远自己的同时又患有精神疾病,那么这些孩子的父母则是活在多层的悲伤、忧虑、内疚、遗憾和痛苦之中。这位母亲的儿子住在汽车里,有时候会长达几个星期不与她联系,有时是几年。他死了吗?他还活着吗?他是躺在沟里吗?他是在巷子里被人殴打、大声哭喊吗?

所有被子女疏远的父母都会自责,而子女患有精神疾病的父母更有自己的痛苦,因为他们知道即使孩子不再疏远父母,他们的精神疾病也或许永远都不会痊愈。回到家里或者回归原来的生活并不意味着痛苦或者忧虑的终结或者解决。和这位母亲处境类似的父母都会陷入一场进退两难的交易：允许烦恼不安的成年子女回家通常就意味着自己要么容忍威胁、辱骂和不负责任的行为，要么将他们赶出家门并且担心他们无家可归或情况更糟。

深陷困境的子女

天真的父母、治疗师或朋友喜欢大谈"严厉的爱"。主张"严厉的爱"的人认为，每一个人，无论有怎样的苦恼，内心深处都暗藏着一股内在的力量，能够让他在跌入谷底的时候重新振作起来。之所以有人给父母提出这样的建议，部分原因在于站在局外观看别人的家庭，会比较容易看出他们所犯的严重错误，并且想象假如他们不这么做事情就会步入正轨。然而，这种做法忽略了一个简单却令人痛苦的事实，**那就是对于一个深陷困境的孩子不一定总能有解救的办法**。

如果成年的子女没有那份可以汲取的内在力量该怎么办？如果真是如此，那么其后果对父母来说是不堪想象的。如果那个他们所跌入的谷底是自杀该怎么办？如果是另一个精神疾病或者躁狂发作该怎么办？如果是无家可归该怎么办？如果是过量用药导致死亡该怎么办？这些后果是大多数父母几乎无法为之原谅自己的，或者是他们终其一生都难以理解的。

尽管大多数情况下是成年子女先开始疏远父母，但是患有精神疾病或者重度成瘾的孩子的父母也可能会最终疏远他们的孩子。他们担心自己会受到人身伤害，因为他们的子女曾扬言要伤害他们，或是由于他们的妄想、幻听幻觉，或者仅仅是因对父母的同情而释放出来的任何情绪。

而另一些孩子由于有成瘾症或犯罪倾向，父母会不放心他们住在家中，因为他们有可能会偷父母的东西或者胁迫他们为自己提供一些他们没有义务或者不愿意给予，或者认为对孩子没有好处的东西。

遗传因素或许是始作俑者

人们很难承认我们在面对某些强大的力量时是多么束手无策。即使是有广泛社会资源的家庭，也可能会发现哪怕是最优秀的专业人士的帮助也是有局限性的。正如马克·吐温的那句著名的玩笑话："所有人都在谈论天气，但没人能拿它怎么样。"基因、环境、运气以及外界影响让即使是最聪明、最富有的家庭也会感到，把握孩子的命运——尤其是像肖珊娜或者住在车中的儿子这样的孩子——是一件具有挑战性的事。

这部分是因为父母的基因在持续影响着孩子的情感和智力生活，而且这种影响有时是积极的，有时是消极的。遗传学家罗伯特·普罗明指出："遗传的影响不仅体现在精神分裂症和自闭症上，还体现在所有类型的心理病理中，包括情绪障碍、焦虑症、强迫型人格障碍、反社会型人格障碍和药物依赖。"

甚至像表现为缺乏同情心和对他人态度冷漠的"冷漠无情特质"也

会严重受到遗传基因的影响。与秉性较为阳光、乐观的孩子相比，有遗传性抑郁症倾向的孩子也更有可能会通过这种倾向来评判父母的行为，并且会对父母持更加消极的看法。

一些精神疾病具有某种遗传性的爆发时间。这些疾病要等到一定年龄或者在面临某个严重的压力（例如某种失去或者分手）时才会发作。这种症状发作前后的差异会导致一些成年子女在回忆童年时认为这些征兆始终存在，而父母却没有能够注意到。

这种认为是父母忽视了孩子的明显症状的想法使得当今的许多父母和成年子女徒劳无功地寻找心理治疗方案，结果双方几乎都不清楚该怎么办，也没有变得更开心。我从被疏远的母亲那里常听到的一句反复重复的话是："我没有在他成长的过程中发现这些迹象。他是说他始终都很抑郁，而我却没看出来。我真应该多关注他。我以为我关注了。我让他感到失望。"从这位满心内疚的母亲的例子可以看出，不仅是成年子女在通过回顾童年认真思考着自己的焦虑、矛盾和失败，而且父母也被拖入了这类分析的坑里，这里成年人当前的缺陷被归咎于父母过去的疏忽。

遗传学的研究让我们理解了关于抚养子女的限度和局限性。这些研究（至少部分地）解释了为什么有理智的父母后来会由于成年子女对父母行为的理解和感受而觉得自己以前没有做好父母。而这些子女看待世界的角度可能会导致他们对父母的误解或者无法理解父母的动机。任何一个抚养一个以上孩子的父母都知道，非常相似的抚养方式也会培养出在性格、气质、智力和情绪上完全不同的孩子。

显然，反过来也是一样。例如，如果一位父母倾向于具有冷漠无情的特质，那么就很容易让孩子感到父母对自己不关心、不爱护或者忽视。此外，抑郁的父母可能会比不太抑郁的、精力充沛的父母更容易觉得孩子难对付、要求高，或者令人难以承受。或许更重要的是，尽管客观地看父母是理智的，但是无论出于何种原因，成年子女还是会希望父母当时能有所不同：能够更多地参与，更少地指责，更亲切，少干扰他们，或者更具同理心。

这就是为什么过度纠结于成年子女行为的确切原因或者其错误指控的不公正是一种愚蠢的行为。如果成年子女说"你本应该有更多的 x, y 或 z（填空：时间、耐心、见识），然而你没有，结果是我变得 b, c 或 d（填空：过度焦虑，抑郁，有情感问题，没有成功，不会理财）"，那么父母最好像一个无名之辈那样承认，没有必要竞争。"是的，也许你是对的。当时我没有意识到你有那种感受，或者需要我给你一些不同的东西。真对不起，我没能注意到。我能看出来如果我当时能做到，对你来说会更好些。"换句话说，我们每个人，无论父母还是孩子，都几乎不可能知道究竟是什么影响了我们的成长。因此，**父母最好尽可能地展现出谦卑的一面。**

人格障碍让和解充满挑战

亲爱的妈妈：

我以为你应该知道我已经受够了你以及你所主张的一切。你做事情的唯一目的就是为了让你看起来像个好人，而我们两个都知道你根本不是。你实际上是一个愚蠢的、以自我为中心的、只顾自己的人。周日午饭时，我只是让你借给我点儿钱而已。妈妈，是借钱，借给你的儿子，以便他可以创业，一件他碰巧很在行的事！而你所关心的只是你什么时候能拿到还款。有没有搞错？我以为你是我的母亲，不是银行家！所以，是的，我会把这封邮件抄送给家中的每个人，以便他们能够看清你的真面目，因为他们确实不像我那么了解你，而且他们全都相信了你的胡说八道。我对你的评价和批评，以及你抓住每个机会说我坏话的行为厌烦至极。即使你总是表现出一副无辜的样子，但其实我们俩都知道你就是那个样子。所以，祝你和我的兄弟姐妹以及家中的所有其他人过得开心，因为他们很快就会看出你的真相，然后像我一样受够了你。

肯（你的儿子）

在不了解这个家庭的情况下读到一封这样的电子邮件有可能会让你感到困惑不解。也许这里面的故事是这样的：一个孩子终于受不了他母亲对他的羞辱，于是他给她写了一封愤怒的信表示"去你的"，并抄送给家里所有的人。当他平静下来的时候，他可能会为这一举动后悔，也可能不会。

然而真实的故事是：自从父母离婚后，一个儿子成功地胁迫母亲给予他金钱和同情。肯8岁的时候，他的父亲搬到了另一个州。像许多父母一样，他的母亲蓓琪长期生活在离婚带给她的负疚感之中，而且对孩子宁愿给得过多，不愿给得过少。女儿们在父亲离开后能理解她的不易和压力，可是肯却是朝着相反的方向发展。他指责她将他们的父亲赶走，并且以发现她性格中的小缺陷为乐。

尽管蓓琪显然也有自己的错——她没能早些抵制他，而是让内疚感妨碍了她设定限度的能力，并且试图通过不断地给予和不断地原谅来证明自己对他的爱心和尽心尽力，但是如果说是她的错致使肯变成了一个不负责任、不懂得尊重人的人，这也是不正确的。

在离婚之前，肯就是个难管教的、目中无人的人。尽管他也会违抗父亲，但是父亲足以把他震慑住，让他收敛住那些最恶的本性。离婚后，父亲的这道缰绳就不存在了。除此之外，与离婚后的监护父母经常遇到的情况一样，他把因父亲抛弃他们而产生的失落感和愤怒情绪都发泄到了母亲身上。而且有些时候，他的父亲会被理想化为一个能够防止肯爆发出最愤怒情绪的人。

肯的行为或许会被心理学家列为边缘型人格障碍，甚至是自恋型人格障碍，因为他不稳定的情绪、以自我为中心的观点、非黑即白的思维方式，无法保持长期的人际关系或者持久的工作，以及滥用酒精和毒品。我不喜欢"人格障碍"这个词，其原因将在下一章中讨论。但是，由于它已成为流行说法的一部分，并且或许成年子女或其配偶说会说父母有人格障碍，或者有人可能暗示父母说他们的孩子有人格障碍，所以值得谈一谈家庭成员具有挑战性的性格是如何让和解（如果还存在可能)充满挑战的。

无论是怎样的诊断结果,一些成年子女都有一种在家庭中制造极度混乱和分裂的能力。有心理问题的成年子女不仅能够潜移默化地让亲朋好友对其父母的性格产生怀疑,而且还会诱使那些有自己的牢骚、宿怨、伤痛或者病态的人加入由更多有心理问题的成员组成的联盟。那些患有精神疾病的同时又因财富或人格魅力而变得十分强大的人,可以将实力较弱的成员吸引到他们的势力范围,使其听命于他们,从而引发进一步的混乱。

就肯的情况而言,他的父亲是一个非常积极的盟友,很乐意为肯对其前妻的人格污蔑作证。他的父亲没有约束肯罪恶的本性,而是协助和唆使它们,目的是让自己相信,结束这段婚姻是明智的选择。这样一来,肯的姐妹们就处在一个艰难的境地,因为她们在努力维护与父亲的关系(她们已经放弃了她们的兄弟),但却非常不喜欢他与肯结盟、出卖母亲的做法。

父母与子女相处的经验法则

有时候对于有心理问题的家庭成员没有任何简单的对策。他们的内心生活常常充满着焦虑、愤怒或混乱。无论顺着他们的方向所做的调整有多么灵敏或者精准,也都无法让他们感到持久的快乐或满足。

在与成年子女之间的健康关系中,父母拥有更大的自由来陈述自己的观点、阐明自己的意图或更细腻地交流感情。在健康的关系中,双方都有足够的空间作为个体而存在，而且是真实的有缺陷的个体。

然而在与存在心理问题（无论何种心理疾病）的成年子女或其配偶的关系中，情况并非如此。在这种情况下，父母必须更加小心谨慎。与之在一定程度上相关的是我们的遗传特征会不断地促成或者扭曲我们对另一个人的看法：这个人是可靠还是危险？慷慨还是吝啬？认真负责还是过于苛求？善良还是残忍？保罗·科斯塔和罗伯特·麦克雷的研究表明，遗传特征始终在持续不断地影响着我们，促使我们接受或者拒绝新的体验，形成我们不同的性格：谨慎或者冲动，外向或者内向，乐于接受或者疑心很重，安宁或者焦虑。有时，父母和孩子相互之间"合不来"，其原因在于二者在这些倾向上存在差异。

无论原因如何，有问题的成年子女的父母都需要学会如何爱和限制，因为像肯这样的孩子会存在制造严重伤害的意愿。他们需要爱，因为这些成年子女的性格已经适应了一种极端的生存者的心态，而这从根本上讲并不是他们的错；他们需要限制，因为这种性格会导致他们做出一些非常糟糕的事情。以下是在这类关系中父母与子女相处的一些经验法则：

• 父母要冷静地说出自己愿意做什么，不愿意做什么，不要带任何责怪、批评或者负疚感。比如，父母可以说："我愿意帮助你，但是要有下面这些条件。"或者"我理解你的感受，但是我无法做到这一点。"而不能说："你只知道索取，却从不付出任何东西。你这个人真是爱左右人又毫无建设性。"尽管对子女进行限制是必要的，但其心理上的问题需要谨慎对待。

- 当子女用一种极具挑衅性或者极不礼貌的口吻与父母交谈时，父母会感到很难倾听或者注意到他们在说什么。父母要冷静地告诉子女这点，向他们解释自己知道他们有很重要的事情要讲，而且自己也愿意倾听，但是如果他们用一种敌对或恐吓的语气说话，父母就无法做到了。

- 有心理问题的子女可能会对父母进行勒索，而父母要尽量避免。但如果子女试图这么做，也不能批评他们。父母要说："不，那对我不起作用。"或"不，我不愿意这样做。但我愿意……"

- 有心理疾病的子女表达的语言往往更加复杂，而父母要尽量理解子女的感受或者所说的话："我能理解你为什么会有这种感受（或者，为什么你或许有这种感受），但是……"

- 父母要询问子女具体想要什么，然后在不受到负疚感或者恐吓的影响下，决定自己怎么做。

- 情绪控制是应对心理疾病患者的重要一环。父母要展示出自己能够控制自己的情绪，但不能表现出仿佛是在试图控制子女的情绪。

★ ★ ★

患有严重心理疾病的成年子女或其配偶，无论是哪一种疾病，都会让亲近的关系难以维系（如果还能够维系）。这是因为正是这种亲近才让他们感到如此难以应对。他们自身没有足够的能力来帮助自己应对亲子关系中正常的磕磕碰碰。他们总是感觉自己被自身的情绪和认知所绑架。极端的感情和思想需要极端的行为才能找到发泄的出口。同某些人试图从酒精、毒品或者性行为中寻求安慰一样,那些生活在精神失衡所造成的持续痛苦和威胁中的人会从控制力和控制他人中寻求安慰,无论会产生怎样具有操纵性的结果。

第5章

心理治疗与被误导的童年印象

> 人们总是强烈地倾向于相信，任何被命名的东西都一定是一个实体或生命，拥有自身的独立性。
>
> ——约翰·斯图尔特·穆勒，1869年

杰瑞米3岁时，他的父母就离婚了。那之后的头两年，杰瑞米会在每个星期二和每隔一次的周末见到父亲，但是后来他的父亲又结了婚，并且移居到内华达州，因为他的新任妻子的家住在那里。从那以后，他和父亲见面的机会就大大减少了。在这种情况下，监护安排改为节假日当中的一个星期和夏天里的一个月。他的母亲雪莉没有再婚，因为她不想让更多的男人进入杰瑞米的生活。雪莉在她母亲与父亲离婚后就有过这种经历，因此她发誓绝不让这种行为在她自己的任何孩子身上重演。

雪莉一生中的大部分时间都在与抑郁症作斗争。离婚给她带来的变化——突然之间变成了单亲妈妈，有一个年幼的孩子和少得可怜的配偶赡养费——并没有让她的问题有所缓解。由于负担不起缓解抑郁症

的治疗费用，她便认真阅读大量的育儿书籍，并且留意费尔医生、劳拉医生和奥普拉等节目中的建议。此外，杰瑞米是个安静的孩子，即使在他十几岁的时候，他也是整日埋头学习，不给她惹任何麻烦。而且由于他是个好学生，他获得了中西部一所不错的文科学院的全额奖学金。

但是当他上大学时，他们的关系开始发生改变。杰瑞米刚到学校时，每周都会给母亲打电话或者发短信，告诉她自己过得还可以，并且交了朋友，因为他知道她是个特别爱担心的人。但是，随着他开始忙于学业并且有了新的社交生活，这一频率很快就减少到每月一次。最后变成他不再回母亲的电话，并且感到她对他疏远关系的抱怨和情绪化是种负担。她越是抱怨自己不愿抽时间给她，他就越不想和她说话。

多年来几乎不与他接触的父亲此时却一直在努力与他恢复联系，而他对有可能重新恢复他们的关系感到兴奋。在与一个同校的女孩子痛苦地分手后，他开始去看一位由心理咨询中心转介给他的年轻的心理学家。在他们交谈的过程中，这位心理学家告诉他，他的母亲有自恋型人格障碍。他还建议杰瑞米中断与她的关系，把注意力放在自己身上。

截至雪莉找到我时，杰瑞米已经有近两年没有与她说话和通信了。我给杰瑞米发了封电子邮件，看他是否愿意和我谈谈他的母亲。

他立即回复了我。我们通过电话进行了一次关于他母亲的会谈。

我很喜欢和他谈话。他似乎很关心他自己的心理健康，很有见识，也很感兴趣。虽然他对母亲有意见，但显然他也很关心她，不想让她难过。我还发现，与他对母亲的指责相比，他的治疗师构成了一个更大的障碍。对于这一点，我们将在本章稍后再做讨论。

治疗师的盲点与偏见

治疗师也会造成很多危害。我们会鼓励一个比我们想象中更能顺应变化的配偶离婚，从而毁了这位客户及其子女的生活。我们会鼓励某个人维持婚姻，结果造成他或他的子女的长期抑郁。我们会支持某位父母将他的一个成年子女从遗嘱中剔除，而没有正视他是如何助长了这位子女的不良行为。我们会支持某位成年子女做出与父母终止关系的决定，却没有在意这一决定会给客户、其子女以及被断绝关系的父母造成怎样的影响。

盲点往往源自经验不足、盲目的偏见或者局限性的观点。然而，或许还有一个比盲点更重要的问题，那就是，治疗师常常会在其观念中不加批判地掺杂我们所处的文化中的偏见、时尚和风尚。如果你是一名20世纪50年代的治疗师，并且如果有一名女性来到你的办公室，声称自己无法履行作为母亲和家庭主妇的职责，那么你的目标很可能不会是激励她投入到事业中去或者从事一些家庭之外的更有意义的活动。相反，你会调查是什么使她无法从让别的女人（表面上）感到如此心满意足的东西中找到幸福。她对家庭生活的厌倦或者缺乏满足感，是与当时的文化背道而驰的，是会被视为需要药物治疗和精神分析的神经症。

心理治疗和医学界常常会将对主流的社会约定表现出的完全正常的不满情绪或反应定义为需要治疗的"疾病"，而不是需要解决的问题。

上述例子只是这一漫长历史中的一个。这里还有一个例子：1850年，塞缪尔·卡特莱特博士在《新奥尔良医学与外科杂志》上发表文章称其发现了一种新的疾病，他将这种疾病命名为漂泊症（drapetomania）。漂泊症是一种会引起愠怒、不满和渴望逃避工作的疾病。这个词曾经被用来形容试图逃避奴役的奴隶（drapetes，古希腊语意为"逃亡的奴隶"），后缀"mania"的意思是"过度的精力或活动"。

从这些例子可以看出，如果治疗师不能对其当时年代的社会、经济、种族和性别规范提出质疑，就会导致他们将适应性行为或至少是可以理解的不满情绪解释为疾病。今天的治疗师仍然在延续着这一传统。他们不去认真研究一些起到降低幸福感和加剧家庭冲突及分裂作用的新的文化和社会趋势。对此我将在本章中进一步讨论。

在过去的一个世纪中，我们的文化发生了更深刻的变化，其中之一就是信奉独立于家庭和整个社区的个体。当今的心理治疗文化既是对日趋强烈的个人主义信仰的反映，也是它的促成因素。在20世纪60年代之前，心理治疗的目的通常是鼓励人们遵守当时的制度规定，而如今的心理治疗师和自助类书籍的作者却希望帮助他们的客户或读者能够更有能力抵御内疚感、羞愧感和对他人的担忧，因为这些情绪会阻碍他们去施展自身的才能和追求自己的梦想。为此，家庭成员越来越多地被看作是完美人生的辅助因素（或者阻碍因素），而不是一个本来就应该是不完美的生活中的必要的、可原谅的组成部分。家庭曾经是个人定位自己的长幼或者社会次序的地方，而如今它已成为个人必须从中解放出来的机构。

除了抚养年幼孩子这件事之外，大多数治疗师通常都不会考虑鼓励个人去体会对其他家庭成员的某种责任感或者关心他们。因此，成年子女的心理治疗有时会加剧家庭冲突，加大家庭成员之间的距离。除非客户要求其帮助他们改善与父母、兄弟姐妹、祖父母或姻亲之间的关系，否则大多数治疗师都会担心过分强调外界的某个人的需求或感觉，会不利于客户专注于自己的需求——而这毕竟是当今许多治疗方法的重点。

作为治疗师，我们会将理想的父母或家庭经历作为一种理解和分析的手段，希望借此了解假如某个成年人得到过更好的抚养，他的生活有可能会是怎样的。这样做的目的是为了帮助客户不要因自我设限和自我厌恶的声音而责备自己，并且让他能够与父母以及其他人保持距离，因为与这些人的接触往往会放大这些声音，而不是减弱。此外，我们还可以借此发挥想象力，想象如果没有这些不管从哪里发出来的导致他寻求心理治疗的批判性的声音，他会有怎样的感觉或者成就。

帮助成年子女了解自己不曾从父母那里获得什么以及理想状态下应该获得什么，这是治疗师工具箱中的一个最大的工具，也是我每天都要用的工具。分析客户的童年的价值在于父母和兄弟姐妹能够强有力地影响一个人的身份、自尊、信任感或安全感，以及将来为人父母的能力。心理治疗专家能够有效地帮助理解成年子女作为成年人的表现与家庭对其中的缺点、不足或者冲突的促成作用之间的关系。

然而这种做法也有消极的一面。在此过程中，治疗师会诱使成年子女对父母产生轻蔑甚至仇恨的感觉。他们可能会助长自己的愤怒,因为愤怒是种强大的力量:它可以转移对自我的愤怒;通过指责别人,我们会从因自己的缺陷和失败而产生的自责、羞愧和负疚感中解脱出来。愤怒是积极主动性的:它可以使我们感到自己是在反击,而不是我们生活中的受害者。但是,就如同仇恨罪恶而不是罪人的行为仍然没有摆脱仇恨一样,鼓励对父母的愤怒或者轻蔑,并不一定会让成年子女从他们希望摆脱的东西中解放出来。

治疗师会不经意地鼓励子女针对父母采取一种受害者的姿态,而不是一种基于对父母更全方位的看法的姿态。正如易洛思在《冰冷的亲密关系》中所述:"由于治疗性叙事所讨论、命名和解释的是自我的困境,因此自我反过来又禁不住相信自己充满了情感和心理问题。心理对话非但不能真正有助于管理现代人的矛盾和困境,反而只会使其进一步恶化。"

在我们以选择、自我表达以及——最重要的——权利为特征的文化中,当今的心理治疗师的工作方式很像在离婚诉讼中的律师。我们相信我们的工作是为了给予客户力量和权力,但却没有义务考虑这些行为会如何影响到客户家庭成员的长期幸福。我们让一个不受家庭、社会和社会机构的义务和利益束缚的自我实现的神话得以持续。

如果我有另外一种父母该多好

在当今的社会环境中,每个人对于什么是好的子女抚养方式都有很深刻的看法。因此,成年子女思考在另一种抚养方式下自己会有怎样的人生也是不无道理的。然而，和其他对现状的评估一样，这种社会比较与其说能带来更多的幸福感，不如说会让人感到更加不幸福。它会导致评估者将自己放在一个相对于他人而言处于劣势的位置上审视自己。他们会这样想："如果我有另外一种父母就好了，那样的话我的境况会比现在好得多。"

也许他们会比现在好得多。而另一方面，这种分析可能会（非常错误地）诱使成年子女得出这样的结论：

- 父母所犯下的错误从根本上改变了他们以及他们的生活轨迹。
- 他们目前的心理状态和生活状况主要是由父母或家庭环境造成的，而不是由于基因、邻里、阶层、同龄人、经济或文化等因素。
- 疏远父母是治愈或改变这一轨迹的最佳策略。
- 努力修复与父母的关系或者选择某种有限度的沟通方式，这对他们来说是更糟糕的办法，或者在另一些情况下，是一种不值得付出的努力。
- 无论疏远父母会对孙辈或其他家庭成员造成怎样的后果，也还是值得的，或者至少这些后果会被疏远带来的与日俱增的幸福感所抵消。
- 尽管享受着因父母的牺牲或者在时间、爱以及经济上的投入而获得的利益，他们仍然不欠父母任何东西。

另一方面，当父母一方是客户时，许多治疗师却又认识不到成年子女对父母的抱怨的合理性。如果客户在陈述中将孩子描述为一个贪得无厌、不尊重人、以自我为中心的人，他们会接纳这种看法。如此一来，他们便无法帮助客户满足成年子女的合理需求和要求。他们会鼓励客户采取一种已经过时了的同时具有误导性的自信心训练方法：鼓励父母设定限度，不惜一切代价坚持要对方尊重自己，并且提醒成年子女不要忘记迄今自己作为父母所做的一切。一位年轻的记者写道："现在，年轻的感觉就是这样。我们不仅被欺骗，而且还不得不听他们唠叨我们懒惰，只能拿参与奖。"

家庭冲突的核心更多是心理上的

历史学家史蒂文·明茨曾经对我说，过去家庭冲突的核心问题更有可能是土地、遗产或家庭财产等这些有形资产。尽管这类的争执仍然存在，但今天的紧张关系更多是心理上的，而不是物质上的，因此也就更难以解决。

我经常会听到成年子女要求父母做"更多的工作"作为和解的条件。一方面，成年子女希望与父母的关系能有一种比较友好的互动氛围。这是合情合理的，也是公平的。而另一方面，我注意到一些持这种立场的成年子女不愿意反馈具体有哪些因素能够有助于达成这一目标，或者在相互没有联系的情况下如何评估进展情况。

对于作为请求的接收方的父母来说，缺少反馈会是件令人十分恼火的事。一位家长曾经说："当我让他告诉我他希望我在哪些方面做出努力时，他说这不是他的责任。不是他的责任，那是谁的责任，如果这还算是一种关系？而且如果他拒绝接听我的电话，也不回我的短信，那他怎么知道我是不是在努力呢?"

戴安娜是我的诊所里的一位年轻女孩。她告诉她的父母,她的婚姻不幸是因为他们糟糕的示范作用。她觉得自己必须与父母彻底分开,才能专注于自己的婚姻。见父母开始搜索糟糕的回忆,她解释说:"他们或许应该分手,但这并不是我的决定。我必须做最有利于我自己的孩子和家人的事,所以我不能和他们在一起。每次我和他们谈话之后,第二天我都会和丈夫吵架,可我的生活里真的不需要那种戏剧性的东西。"

尽管我建议父母带着同情心倾听女儿的抱怨,但我也很理解他们在那次没有女儿参加的会谈中所感到的伤心和愤怒。"是的,我和妻子曾经经常打架。我是意大利人,她是希腊人,你还能期望什么呢?但是我们彼此相爱,而且我们仍然爱着对方。没有人挥舞拳头打人,也没有窗户被砸破。长大了哈。从什么时候开始结束与父母的关系变成了明智的选择?我们把一切都给了孩子们。"

另一位客户在解释为什么疏远父母的时候说,与父母在一起会让她感到抑郁,无法专注于自己的感受。"我从小到大你总是那么焦虑,对我管得那么多。这让我对自己产生怀疑。每当我在你身边时,我都会感觉到所有这些感受开始浮现。如果想让我再次与你联系,你自身需要做出很多努力。"

不对等的权力天平

在理想的世界中,父母和成年子女应该以平等的身份就双方关系中的问题进行谈判；在现实世界中，情况却并非如此。他们之间的关系更像是一对夫妻：如果丈夫不改变，妻子就想和他离婚，可是丈夫真的不想失去她。而她想要离开这一事实，让她拥有了更多的权力来设定维持双方关系的条件。

此外，疏远给父母带来的痛苦也会助长选择疏远父母的成年子女的相对力量。这就意味着，如果父母想要恢复关系，那么他们就必须努力寻找一种同情和理解成年子女观点的方法，而成年子女却不一定要承担同样的义务。除非是由父母发起的，否则疏远几乎总是会对父母不利。然而，正如我们在前文所看到的，疏远和划定界限对于成年子女而言是一种自主、权威和力量的表达——无论父母之前的行为证明其有多么必要和多么合理。正如一篇文章的作者所言："最终，决定与自恋型的父母保持少接触或者不接触的关系是一种健康的选择，甚至可以说是一种自我解放的选择。"疏远为成年子女提供了一种令其感到自豪或者"解放"的方式，而与之相对，父母们从中所得到的基本上只会是羞耻、屈辱或悲伤。

这并不是说大多数成年子女都会轻易地选择疏远，或者说他们不会为此付出任何社会代价。根据我的经验，大多数成年子女只有在长期尝试与父母改善关系之后才会让自己疏远父母。传播学教授克里斯蒂娜·沙尔普发现，在她的研究中大多数成年子女都表示，他们的疏远是随着时间的推移缓慢发生的。无论最终做出疏远的决定如何让人感到是一种自我解放，它往往仍然是基于前期的一段漫长的极度紧张或动荡不安而做出的决定。

英国记者兼研究员贝卡·布兰德强烈地受到与父母疏远的影响，并且最终成立了一个名为"孤独挺立"的慈善机构，为其他疏远父母的成年子女乃至后来她自己的父母提供支持。她在一次采访中对我说："今天的年轻人认为与家人保持联系是一种自愿行为，是基于对爱与宽容的展现。认为自己有权基于义务或责任要求子女与自己保持联系的父母，很少能够让成年子女按照他们认为应当的方式做出回应。"

此外，虽然大多数成年子女确实希望能够最终理解父母的观点，但是他们在这方面的能力，可能会受到这种理解所产生的内疚感或者责任感的限制或约束。鉴于此，我经常会告诉正在考虑家庭心理治疗的疏远父母的成年子女，他们没有义务做出原谅、忘记或者和解的举动；他们只需考虑与我和父母进行的对话。我之所以这样说，是因为我知道，在大多数疏远案例中，成年子女都认为疏远对他们的心理健康来说至关重要，无论这种现实与父母的需求或观点有多么的不符。

错误的标签

在与我通电话之后，杰瑞米同意与我和他的母亲进行几轮会谈。雪莉说杰瑞米是个善良、安静的人。她说的没错。但是，有时候善良的天性可能会成为一种负担。它可能会让你在负疚感和对你所爱的人的责任感的压力之下不堪重负。以我的经验，有时候最善良的孩子反而不得不变成一个最凶狠的孩子，因为他们要让自己安心不必对另一个人的幸福负责。

在进行第一次家庭治疗会谈之前,我为雪莉提供了一些咨询建议,试图让她为接下来要发生的事情做好准备。我建议她:以一种非防御性的态度倾听杰瑞米说的任何话。努力在他的话中寻找真实的部分,无论这些话有多么伤人。即使他的话与你的记忆和自我反思相抵触,也要尽量从他的角度去听,而不要把它当作需要你判断是非对错的事。

在我与杰瑞米的单独会谈中,我建议他直接把困扰自己的事情告诉母亲。杰瑞米没有犹豫。他没有淡化自己的观点,也没有试图保护她免受伤害。仿佛他始终在等待着这一刻的到来,以便能够把所有这一切都倾吐出来。我对此给予支持,因为我希望他能尽快把尽可能多的东西摆上台面。

他开始说道:"我小的时候你宁愿沉溺在你的抑郁症里,而不是决定站起身来拯救自己。""结果,我经历了一段比别人更艰难的过程,才学会如何去做生活中的一些最基本的事情,也才知道在人际关系中应该优先考虑自己的需求。我的治疗师说我被你变成了你的父母,并且你在我的成长期间对我犯有情感乱伦。这就是为什么我不想和你说话。我需要解决我自己的问题。"

我原本是希望他直言不讳。但是我也知道,我有必要转译一下他的话——那些他接受心理治疗的产物——听起来简直是最难听的人格污蔑:"情感乱伦""变成父母的父母""自恋型人格障碍"。这些《美国精神疾病诊断和统计手册》中的各种术语,在接收端的人听起来会是一种极大的羞辱。

减轻精神病学诊断所造成的伤害尤其重要,因为它已成为主流文化中的一个活跃的组成部分。过去我们常会把一个人唤作"傻瓜"或者"混蛋",而现在我们称其为"边缘人格"或者"百分之百的自恋者"。我们或许依然在使用这些称呼,但是如果将其置于心理诊断的背景中,这些词汇听起来就会更具权威性。

虽然在一个痴迷于个人成长和发展的社会里,心理诊断或许是生活中不可避免的一部分,但是贴标签是会产生后果的,并且会对贴标签的人和被贴标签的人的行为产生影响。对癌症或者阿尔茨海默病的诊断结果可能会导致家庭成员加强或者(在某些情况下)减少联系。同样道理,精神病学诊断也会影响人们对待亲人的态度。

在这个令人伤心的例子中,杰瑞米对于自己未能从母亲那里得到的东西或者这种欠缺如何影响到了他的生活所做出的评价是完全错误的。确实有充分的证据表明,由患有抑郁症的父母(大部分的研究是针对母亲)抚养孩子会对孩子产生负面影响。而且孩子在成长过程中所形成的对母亲幸福的责任感很有可能会超过他想要的,或者超过对他本人有用的程度——不过也有其他研究表明,从这个角色中获得的力量也可以是积极的。然而,杰瑞米指责他母亲的是,假如她当时知道该怎么办,或者她在抚养他时有足够的心理或经济资源,她应该表现出与之前不同的行为。

做不做"糟糕"的父母是可以选择的吗

谈到养育子女,这当中的自由意志往往要比大多数人想象的要少。遗传性的决定因素,伴侣的刺激,童年的创伤,经济上的威胁和社会的遗弃,所有这些给父母造成的痛苦不亚于被抚养中的孩子。雪莉在养育子女方面的缺陷不仅来自于她自己父母的缺陷,而且还来自于她的经济窘境、她的易患抑郁症的遗传因素和环境条件,以及她缺乏另一位家庭成员与她分担抚养儿子的责任。

我们目前对家庭中的因果关系的解释(心理治疗对话引导人们相信,个人选择是生活的组织和指导原则)所制造的家庭矛盾通常大于它所解决的矛盾。从杰瑞米的角度来看,他患有抑郁症的母亲原本应该或本可以通过自己的努力让自己站起来,从萎靡不振中走出来,强迫自己走进治疗师的办公室。

研究表明,大多数成年子女在解释其疏远的原因时,会基于造成其行为的、父母身上的个性特征,而不是环境、经济或文化机制。不管这种因果关系的框架与美国人的理想产生了怎样的共鸣,它无法解释清楚抑郁症是怎么一回事,决策是怎么一回事,甚至选择是怎么一回事。

经过治疗师的指导后,子女在回顾自己的成长经历时说父母本该更明白些或者本该表现出不同的行为,并且说他们现在被疏远(如果还达不到被鄙视)是他们罪有应得,这种做法是错误的。这种观念认为,父母在抚养孩子时得到的是一张尚未绘制的地图,或者是一份他们根本无法汲取的资源。

这绝不是要竭力弱化存在问题的抚养方式有可能造成的巨大（有时是永久性的）损害。有些父母会因精神疾病、酗酒或吸毒而对孩子施以身心虐待或者疏于照顾。由这样的父母抚养长大的孩子能够亲身体验到父母所造成的痛苦。这种痛苦会扩散到他生活中的方方面面。对成年子女说"我已尽我所能"，对于因父母的行为而长期遭受痛苦的人来说或许能带来一点点的安慰，但它无法给成年子女提供进行和解的动力。这就是为什么我鼓励父母认真对待孩子的抱怨，并且努力修复所造成的任何伤害。

对父母的误诊

杰瑞米的治疗师对他说，他的母亲需要的爱、照顾和温柔超过了他应该给予的合理范围。这一点并没有错。他认为他们性格上的合不来也可能给他造成了极大的痛苦。这话说的也很对。但是根据我的经验，许多治疗师会将母亲的产后抑郁误诊为自恋。患抑郁症的母亲可能会变得更缺乏自信、焦虑，有时甚至爱贬低人。治疗师可能会将这种抑郁症理解为自恋或其他一些人格障碍。

杰瑞米的母亲是像他和他的治疗师所认为的那样患有自恋型人格障碍吗？她没有。更重要的是，这种诊断阻碍了他们共同建立起相互理解的桥梁的可能性，而通过这座理解的桥梁，杰瑞米可以在没有任何负疚感和懊悔之情的情况下接受他能够或者应该为母亲设定的限制条件，同时这也是他母亲可以接受的条件——她不会再有对儿子的挖苦或者抱怨，说他的照顾和关注永远不足以弥补生活在她成为父母前后给她带来的苦难。

精神病学诊断之所以存在问题，因为这些诊断会将某些情感具体化，而实际上这些情感始终处于持续的变化之中，并且能够接受其他形式的输入和修改。有些治疗师、自助类书籍的作者或者好心的家庭成员会试图通过这种为行为贴标签的方式保护病人，而实际效果却是弊大于利。

杰瑞米的母亲的确应享有更好的生活，只是这一切不一定由她儿子提供。而且杰瑞米也应享有更好的生活，只是不一定是他母亲的错导致了他没能过上这种生活。给他的母亲做出精神病诊断，尤其是像自恋型人格障碍这种放大而且确定的诊断，会过度地简化她的生活和困苦；这种诊断贬低了她那么多年的爱和奉献的价值，无论其中有多少瑕疵；同时也削弱了原本可以存在的联结的纽带。有关她的叙述应该是另一种，一种更深刻和更富有同情心的叙述。她不应是一个不负责任的人，而更多的是以她所能回赠生活的一切，来回应生活赐予她的一切。

心理学家卡尔·荣格曾经指出，对孩子的影响最大的莫过于其父母失去生机的生活。我有时会发现，在客户对被其冷落的父母感到轻蔑的面纱之下，是对这位父母的深度悲伤和对他找到幸福的渴望。父母的忧伤、沮丧、不满足的感觉会变得如此沉重，以至于孩子除了抛弃他们之外，找不到任何其他减轻重负的出路。正如安德鲁·所罗门在其《那些与众不同的孩子》一书中写道："爱一个人与感觉到那个人的负担之间没有矛盾；的确，爱往往会加重这种负担。"

让一些成年子女觉得父母有种压迫感的或许并不是人们在治疗室和论坛上普遍强调的父母的人格障碍，而是他们自己的同情心的重压。

选择了缺席的父亲

我在工作中发现，像杰瑞米这样的成年子女以后可能会为了在他成长过程中缺席的父亲而抛弃单亲妈妈。这种情况之所以会发生，并不是因为她是一个多么可怕的母亲，而更多是因为他不知道还有什么办法可以让自己脱离她——她的担心，她的恐惧，她的内疚，甚至是她的爱。

在这种情况下，父亲的不太关注对年轻人来说反而更具吸引力。父亲已经用行动证明，无论分离或距离让他感到多么痛苦，他都可以在没有孩子的情况下生活。因此，他在试图脱离母亲的轨道的孩子眼中就不大可能会被看作是缺乏自信的、有依赖性的或者太过苛求的人。

对于那些在没有父亲帮助的条件下抚养一个或多个孩子的母亲而言，这种后来发生的忠诚的转移可能尤其令人感到委屈。正如一位母亲针对冷落她却转而理想化那个一度不存在的父亲的19岁的儿子时所说的："我承受了所有的重担抚养他，而现在他的父亲却借着我抚养成人的儿子庆祝胜利。天底下还有没有公平可言？"

★ ★ ★

对于成年子女而言，与父母疏远的决定无论多么痛苦，都还是与从压迫感中解放出来以及追求幸福有关。然而对于父母而言，却不存在与之同等的积极面，而只有消极面：在人生最重要的任务上的失败；失去了为人父母的宝贵的自我反思；在同龄人和家人面前感到羞耻；不仅失去了成年子女，而且还失去了与自己疼爱的孙子的关系。而且，对于那些强烈意识到自己在抚育子女方面的失败的父母来说，他们也失去了为孙辈做一些自己没能在自己孩子身上做的事情的机会。

前几次会谈对于杰瑞米的母亲来说相当不容易。长期的抑郁症使她没有足够的能力将儿子的抱怨视作抱怨，而不是对她的基本价值的攻击。但是，和大多数情况下一样，她的倾听、反思和发现真相的能力让他看到她比他想象的要更坚强。而且另一件有益的事情是，她能够告诉他，虽然她确实很想他，并且希望更多地与他联系，但是她想要他为她做的并不是像他以为的那样——给她活着的意义。她还告诉他，他希望更专注于自己的生活而不是她的生活，这不是自私。他们讨论了以后应该如何保持联系。他们之间的联系会比她想要的要少，但比她之前得到的要多得多。

父母与成年子女之间的和解治疗类似于一方想要结束关系的夫妻治疗。对于愿意考虑坐下来深刻反思关系中根本性问题的夫妇来说，有时婚姻是可以被挽救回来的，而且在许多情况下甚至关系比以往还要好。这种情况同样也会发生在被疏远的父母及其成年子女的关系中。

第6章

女婿、儿媳和"精神控制"

> 当她去更衣,当她走出来,穿着漂亮的旅行装,当她分发喜帖,与丈夫一起离开时,一场激励的战斗便爆发了,持续了数月、数年的仇恨,以及涉及丈夫与儿子的冒犯和侮辱就此爆发,一切都是为了向母亲、姐妹和祖母证明,他们知道如何做个男人。
>
> ——艾琳娜·费兰特,《我的天才女友》

当山姆第一次从学校把玛丽亚带回家时,她给家人的印象并不好。她一整晚都坐在沙发上用手机发短信,几乎没有和任何家庭成员聊天,包括山姆的两个与他非常亲近的妹妹。山姆似乎对她的行为感到有些尴尬,但还是很小心地没有强迫她参与家人的交流。

"我想,她只是腼腆吧。"第一次见面后,山姆的母亲对丈夫和女儿说,"我们家太热闹;她是独生女,山姆是这么说的,对吧?我认为我们只是需要给她一些时间来了解我们。山姆似乎对她很满意,这比什么都重要。"

"我认为她是个渣子。"山姆的妹妹萨拉说。她是一名高中生。"真的,我确定问过那个女孩不下10个问题,关于她在大学的学习、她的业余爱好、她的家庭以及她从小长大的地方。无所谓啦。我希望她能让山姆开心,但我可不愿意费那么大力气去认识一个人。妈妈,她有没有问过你哪怕一个问题?"

"哦,那没关系。"山姆的母亲说,她总是很乐观,"她可能只是需要点儿时间融入进来。我想如果她让他开心,那我没意见。她不必是我最好的朋友。而且,她是他第一个正式交往的女朋友,所以他也不一定就会把她娶回家。"

"哦,天哪,我希望不会,"萨拉说,"因为我知道那种女孩,而同她结婚绝对是个坏消息。相信我。"

萨拉是对的,而她的妈妈却错了。

在他们约会的一年时间里,山姆断绝了与父母、姐妹和祖父母以及他儿时玩伴的一切来往。和许多类似的情况一样,家庭关系恶化的速度之快超出人们的想象;一些很小的误解和神秘的交流会都被山姆的女友(然后由山姆充当她的辩护者)解释成为山姆家人的故意伤害、敌对和操纵。家人们每次去看山姆和玛丽亚,第二天准会收到一通怒气冲冲的电话。山姆会冲着他的父母或姐妹大喊大叫,说他们不尊重玛丽亚,说他们"就是不能理解"。当山姆的母亲问玛丽亚是否打算生孩子时,山姆告诉她玛丽亚为此受到了极大的侮辱,说她觉得这是一种侵扰。她还说,她不喜欢山姆妈妈做的饭,所以她不想再去那边吃晚饭了。

第6章 女婿、儿媳和"精神控制"

让山姆的家人，后来包括他的朋友们感到惊讶的是发生在他性格上的巨大变化。他从一个友善热情的人变成了一个冷漠的充满敌意的人。

他的父亲在和我第一次会面时对我说："就好像是她控制了他的思想。""我们越是求他，他就越远离我们。我们试图与她的父母取得联系，但他们根本无意帮助我们，他们的意思好像是我们慢待了他们的女儿。我们说，'你看，我们只是想让我们的孩子跟我们说话。自从他们俩在一起之后，他似乎不想与我们有任何关系。我们不知道我们做错了什么。'可是他们表现出一副对此漠不关心的样子，好像是我们对他们的女儿很不好。如果他们需要我们道歉，我们会很愿意向她道歉。但是他们甚至似乎连这个忙都不肯帮。可是，显然他们之间是有联系的，因为我们还是能看到他的脸书，而且能看到他们在一起进行的所有活动。"

这样的一组镜头在我的工作中特别常见：成年子女与一个要么有心理问题要么极度缺乏安全感的人相处，而他对家人或朋友的依恋让她感到是一种威胁。慢慢地，她促成了他之前所有关系的瓦解，直至他唯一依恋的对象就是她，还有经常与之来往的她的家人。

在本章中，我将探讨导致疏远的一个最棘手的问题：女婿和儿媳。我会提出以下问题：为什么成年子女有时会切断与所有人的来往？他或她选择疏远的原因是什么？还能对女婿或者儿媳抱有希望吗？他们能够被改变吗？父母应该如何理解他们？我还会讲一个关于拉赫尔的故事。拉赫尔在与汤姆结婚后不久就断绝了与父母的来往。他们将会是这个话题里的引导人物，带我们去探寻为什么这一问题会成为造成疏远的如此常见的原因，以及如何解决。

控制欲极强的看门人

拉赫尔33岁，是两个孩子的母亲。尽管她与父母之间的关系很不稳定，但是直到她嫁给了现任丈夫，这种关系才彻底结束。拉赫尔的丈夫汤姆是一名律师。他经常会流露出一种不动声色的轻蔑的态度和不屑一顾的优越感。拉赫尔的父母从一开始就对汤姆不满意。比如说，他们不喜欢他监视拉赫尔的饮食，不喜欢他在聊天时经常抢她的话。"感觉就好像他试图要把她摧毁，"她的母亲在我们第一次会面时对我说，"她一直是一个健谈的、聪颖直率的人，突然之间就变成了这样一个安静、顺从、胆小害羞的人。我真的很想问她，她和这样的男人在一起到底在干什么，但我知道她听了会不高兴。所以我闭口不提。但是也许我应该说点儿什么，因为现在她根本不愿和我说话了。"

在婚礼上，汤姆的父亲对拉赫尔的父母说了些话，事后被他们当作是一种警示。他说："我只有一事相告：汤姆不是那种最容易抚养的孩子，他也不是个最容易相处的人。我们在抚养他的过程中可能犯了很多错误。我希望他们在一起开心。"回想起来，拉赫尔的父母意识到，他对未来幸福的祝福，听起来更像是一种怀疑，而不是真实的愿望。

结婚后不久，拉赫尔开始减少了与父母的联系。甚至在婚礼之前，他们就注意到汤姆从来没有和她一起来参加过家庭活动，而她总是把这归咎于他的工作。与父母的联系从每隔几周一次，到每6周一次，再到每两个月一次，直至彻底不再联系。最初给出的原因都很平淡无奇——从"我一直很忙"到"我一直想着但始终没抽出空"，然而随着父母对她越来越不积极地回话或者在本可以来探访的时候不来表示抗议，他们对相互来往的消极情绪反而增加了。

然后靴子终于落地：汤姆用他的律师用的信纸写了一封信，要求今后的所有联系都要经过他。

沃尔科特先生和夫人：

对于今后的所有联系，请务必经由我过目。你们的每次来信都会让拉赫尔感到心烦意乱。我想你们根本不知道自己多么挑剔，多么消极，也不知道这些对她的成长造成了怎样的影响，并且依旧在影响着她现在的生活。你们可以继续给她写信，但是从现在开始，所有信件都必须经由我过目。我会阅读你们所写的内容，如果我认为合适，我会将其转交给她。在抚育子女方面，你们两人都是一窍不通，所以这就是我必须这么做的原因。同时，我建议你们二人都去为自己做一些心理咨询，以便理解为什么拉赫尔最好不与你们有任何来往。

此致

汤姆·亚当斯先生

这封信让拉赫尔的父母感到非常烦恼。不仅是因为其中针对他们子女教育方式的指控，而且因为汤姆将自己任命为一名看守人。更令人沮丧的是，他从一开始就表现出他对他们的感情不感兴趣。他们还能如何去表述或者证明自己不是他认为的那个人呢？如果拉赫尔对他们如此不满，她为什么不愿意或者不能自己告诉他们呢？她一直骄傲地自称是有独立性的人、是一个坚强的女人。这一切都变了吗？如果这些确实是她的抱怨，那么她为什么要让她的丈夫代替她发声呢？她以前从未抱怨过。他们做了什么可怕的事，以至于她需要把丈夫安置在门口守护？

在临床工作中，我会经常看到女婿或者媳妇的行为俨然一位要求绝对服从的很有权力的"看门人"。他们所采取的一个最强有力的办法就是，让成年子女相信他或她的父母即使不是个十恶不赦的人，也是个坏人。不难看出在那些父母确实有虐待行为或者不健康的家庭中，这种操纵可以轻松得逞。然而即使是在正常的家庭中，尤其是在父母和子女关系密切的家庭中，这种方法也可以是行之有效的。

这是否意味着父母与成年子女之间的关系中原本就隐藏着重大的问题，而新加入的配偶只不过是让它们暴露出来或者利用它们为自己谋利？有些时候会是这样。但是，我不认为问题的隐而未露就足够用来解释大多数疏远发生的原因。我认为，如果面对的是一个有严重心理问题的配偶，那么几乎所有的成年子女都容易受到这种操纵。

比如，一个有严重心理问题或有控制欲的配偶会让成年子女相信：

• 他们对自己糟糕童年的记忆被压抑了，包括对遭受虐待的记忆。

• 他们对父母过度依赖，因此需要更多地捍卫自己，或者捍卫据称被其父母虐待或错待的配偶。为此，有控制欲的配偶很可能将家庭生活中的正常的摩擦夸大为父母性格上的严重的、无法接受的、不能容忍的缺陷。

- 与父母（或与父母有关系的任何人）的任何积极的接触都必须被重新理解为消极的行为，目的是为了抢先影响成年子女，使其远离他们心理不健康的配偶。

在适当的情况下，我们所有人都容易受到操纵，让我们的行为有伤害性或者有问题。控制欲极强的人的一个特征是能够自觉和不自觉地知道人们需要什么才能感觉舒服。例如，如果他们的伴侣对智商缺乏安全感，他们就会让他或她觉得自己很聪明。如果他们对自己成功的潜力没有把握，那些人会让他们觉得自己有无限的成功的潜力。如果他们感觉自己缺乏吸引力，那些人会让他们觉得自己很有吸引力，甚至远不止如此。一方面，他们会谈论那些欠缺的感觉所造成的痛苦，同时或巧妙或公开地许诺帮助他们消除所有这些痛苦；另一方面，他们会利用这些不安全感本身来操纵配偶。

有社交焦虑症的儿媳

让我们回到山姆的家庭。如果新来的配偶或恋人是一个活跃的、力量极强的疏远促成因素，那么被疏远的家庭成员应该承认他或她是新的权威，因此也是将来与疏远的成年子女或孙辈们接触的看门人。

"你们不能绕过她，你们只能经由她。"我在第一次和山姆的父母及姐妹见面时对他们这么说，"因此，你们不能批评他的妻子，因为他已经将权力移交给了她，这会让你们处于更不利的境地。而且，你们也不能直接批评她,因为她能够而且愿意向你儿子告你们的状,在他的法庭上,你们现在是有罪的。你们也不能与他单独沟通,因为她会因此而感到太受威胁。"

我鼓励山姆的父母把他的女朋友看作是一个心理脆弱的人,而不是故意搞分裂。我强调,他们对她的态度很重要,因为担心和失落感所引发的一系列情绪很有可能会让他们对山姆或玛丽亚反应过度,变得富于攻击性或者情绪化。这与他们想要达到的目标正好相反。最好把这个有心理问题的儿子的伴侣看作是安装在他身上的一枚炸弹。记住,如果激烈地甚至是快速地攻击她,她是非常愿意引燃那根引爆线的。一定程度的谨慎,甚至同情心,都可以让他们放慢脚步,并且以一种这种情形下所必要的尊重和克制态度来对待她。

随着我对玛丽亚的更多了解,可以明显看出她患有严重的社交焦虑症,这种焦虑会使她对与几乎每个人的交往都感到痛苦不堪,因为这些人际交往会让她产生恐惧、自我怀疑和自我指责。被带到像山姆家的那种热闹、外向、每个人都既亲密又有想法的家庭里,这对她来说简直是一种恐怖经历。尽管她坐在沙发上发短信,可能看起来以自我为中心,不合群,但是她有可能是在试图缓解自己内心深处的恐慌。她后来的说山姆家人坏话的企图,无论多么不对,都是在为她自我保护的需求寻找正当理由。她需要与那些让她感到焦虑的场景隔离开。她想要让他与家人们断绝联系的愿望,也是她用来控制自己的恐惧感,以及防止这个家庭有可能让山姆与她作对(无论这种可能性有多么小)的一种手段。

但这并不是说她会是一个好应付的人。有时候，为减轻焦虑而采取的防御行为的后遗症有可能会让患有这种疾病的人变得极其敏感易怒，或者冷漠，或者两者兼而有之。此外，具有玛丽亚这种个性的人并不需要大量的证据就可以断定某人已经越过了他们的红线，因此应该马上被扔进垃圾压缩机。同样，即使了解了某个人难对付且富有挑衅性的行为的原因，也并不一定意味着这种理解能够提供一条和解的途径。或者就像一位被疏远的父母针对他的女婿所说的："不能仅仅因为他饱受抑郁和焦虑之苦，就认为他不是个混蛋。"但是，不了解导致消极和挑衅性行为的原因会增加使问题复杂化的风险，而不是解决问题。

我鼓励山姆的父母给玛丽亚和他们的儿子写一封道歉信，这不是因为我认为她会变得宽容，也不是因为我认为他们做错了什么，而是我希望这样能让他们的儿子更有能力缓和她固执的态度。我认为，造成疏远的主要原因是他对她的忠诚，以及对她的反对和拒绝的担忧。父母越是认可她在他生活中的权力和中心地位，他们的儿子就越会说："我想我的父母理解了，而且确实在努力。我们给他们一个机会吧。"他们越是能尊重她的界限，从而将自己放在一个对她没有威胁的位置上，她或许就越能感到与他人接触是安全的。相反，父母对她的批评越多，她就越有理由声称他的家人有害、有毒、有危险。

为什么子女的性格发生了改变

许多父母告诉我，他们曾经很可爱的孩子现在已经染上心理有问题的恋人的性格。有时这种意见反映出，父母需要将成年子女可能一直希望做出的改变归咎于子女的丈夫或妻子。例如，如果他们的子女渴望能够少见面，多一些主见，或者能多说几句抱怨的话，这时他们的配偶就让他或她获得了这样做的自由。

但是，有时候婚姻会让人变得消极和不友好。我认为，这种消极影响的目的是为了解决"认知失调"。这个概念是莱昂·费斯汀格在1957年提出的。费斯汀格指出，我们所有人都有一种强大的内驱力促使我们让自己感觉到思维过程的一致性。因此，如果我们意识到自己的信念之间存在矛盾，我们就会更改这些信念中的一种或多种，以增强其内部的一致性。

那么，如何用认知失调理论来解释山姆为什么从一个善良体贴的家庭成员转变为一个爱挑剔、爱发脾气的人呢？

下面我们就解释一下这种性格转变是如何发生的。

1. 信念：我的父母和姐妹是值得我爱和尊重的好人。

2. 信念：玛丽亚讨厌我的家人，认为他们对我进行了洗脑，让我相信他们是对我好，而实际上却不是。

山姆既爱家人，也爱玛丽亚，这使他陷入了左右为难的困境。如果他忠实于玛丽亚，那么他就会因与她意见不合或者迫使她与家人更多地交往而引发无休止的争吵。她已经说过，她不喜欢他们，说她在他们面前感到不自在。而如果他继续与家人保持联系，他也会感到对不起玛丽亚，因为她已经说得很清楚，选择她就不能选择他的家人，他与他们亲近就是对她的背叛。

由于山姆每晚都必须回家和玛丽亚在一起,因此他最大限度减轻认知失调的途径就是承认她对他父母的看法是正确的。在采取了她要求的行为之后,他愈加地不认为她是错的,因此也就进一步减少了认知的不和谐。同时他也避免了对家人的内疚感、伤心和后悔。他可以这样说:"当然,玛丽亚对你们的态度很糟糕。我也是。那是你们造成的!玛丽亚是对的,你们是错的!"

父母对女婿或儿媳常犯的错误

有时父母会因指出未来女婿或儿媳行为或性格上的明显问题而将成年子女推入其心理不健康的配偶的怀抱。例如,初次约会时,成年子女可能会向父母征询意见。父母可能会回答:"我认为你应该注意他有犯罪记录这件事,对不对?"或者:"你认不认为他根本没有办法养活自己这件事很重要?当你成为父母时,这会不会让你承受不公平的负担?"无论父母的批评是公正的还是不合理的,子女都会认为父母在质疑自己的品味和判断力。迅速躲进对方的怀抱是表达叛逆性独立的一种方式。

换句话说,年轻人之所以感到应该相信自己的恋人,更多的是因为他们希望维护自己选择的权利,而不是因为他们清楚地知道,自己找到了真命天子或者真命天女。想一想那位少年,他考了糟糕的成绩后,宁愿开枪射伤自己的脚,只是为了警示家里人,告诉他们那是他自己的脚。他却没有从自己的叛逆中看到,他所做的事本质上是自我摧残。

儿媳或女婿的家庭也是一个非常重要的因素。无论他们与自己的父母之间存在什么问题，这些问题都有可能出现在他们和配偶的父母之间。如果他们感到自己的父母对自己过度控制，他们也可能会认为配偶的父母也有过度控制的问题。如果他们感到被父母冷落、贬低和抛弃，他们也可能会对配偶的父母的言行反应过度，并且会说服其配偶，让他们相信他们的父母比他们意识到的要苛刻和冷漠得多。如果他们与自己的父母疏远，他们也可能会更倾向于将配偶推向这个方向。

当一个人结婚时，他或她将要与之结合的，不仅仅是某个特定的人，而且是那个人的整个心理以及多年来在这个无意识中形成的家庭关系的包袱。子女嫁给或者娶了他或她的敏感、脆弱以及尚未解决的问题。父母对这些现实了解得越多，越能成功穿越经常要面对的险恶地带：不得不应对一个把刀架在自己孩子的脖子上冲他或她吼"要么选择你父母要么选择我，鱼和熊掌不可兼得"的人。

如果问题出在子女本身

也有可能子女的配偶很健康，而实际上存在心理问题的是子女本身，这些问题使他或她无法承受成人生活和家庭交往的正常磕碰。他可能需要与他的配偶及配偶的家人联合起来对抗父母，并以此来使自己与这些问题隔离开来。他或她可能过于敏感、抑郁、焦虑、不安或者担忧，因而无法处理每个家庭都会发生的冲突。他的脆弱性或许意味着他必须以非常简单的方式看待世界："周围的人要么是朋友，要么是敌人。"这就是为什么有时疏远的子女不仅断绝与父母的来往，而且还断绝与父母有关的任何人的来往，甚至包括受人尊敬的祖父母、兄弟姐妹、姑姑和叔叔。

为什么会这样呢？可能是因为他太缺乏自信心，以至于不能容忍任何挑战它的人。举例来说，他不能接受没有疏远父母的兄弟姐妹，他们会说："我们的爸爸妈妈还不错……他们是好人。我认为你对他们不公平。再给他们一个机会。他们做了什么让你有理由不和他们说话？"

避免冲突是许多疏远问题发生的关键原因。感到内疚，过度的责任感，过于担心伤害他人的感情，这些都可能会导致一些成年子女彻底退出，而不是冒险与父母产生不和。父母要避免对无法忍受压力的孩子施加过大的压力。在这些情况下，最好鼓励不敢抱怨的人大胆抱怨。

父母与走向配偶的子女寻求和解的准则

1. 尽管在因儿媳或女婿而疏远的亲子关系中，那个诱使孩子离开父母的人往往是最主要的根源，但每个人都有自己的盲点，即使父母相信自己的所作所为是最诚实、最合理和最富有同情心的，也还是有可能在一些没能关注到的瞬间将子女进一步推向了心理不健康的配偶的怀抱。

如何才能知道问题更多地在父母还是子女？可以通过下面这些迹象来判断：

a. 若发生在父母与女婿或者儿媳之间的问题与发生在他们与朋友、同事、配偶或其他家庭成员之间的问题如出一辙，那么父母自身有很大的问题。

  b. 如果别人的反馈表明父母的行为并不是像自认为的那样没什么问题，父母则需要反省自己。

  c. 如果父母过去曾经尝试过与女婿或者儿媳进行更有效的沟通，而且这些努力得到过积极的回应，那么父母很可能犯下了一些严重的错误，致使另一方关闭了交流的大门。

  2. 但是，即使父母没有做错什么，也应该试着写一封道歉信。这封信的受众不仅是女婿或者儿媳，更重要的是他们的成年子女。子女需要通过一些契机感受来自父母的力量，让他们能够确认父母在努力，并且感到应该给彼此一个和解的机会。并且，这也是探测女婿或者儿媳是否愿意重新建立联系的一个好方法。

  3. 父母与子女之间的交流应该让有心理问题的子女的伴侣同时加入进来。父母若想送给子女一份生日礼物，那么也该给他或她的配偶一份。其他所有节假日都一样。父母要记得询问其配偶的情况。即使父母内心是想寄给他们一封有毒的信，也要以通过成年子女向他们致以爱的问候来取而代之。因为事实上，他们行为的受众是成年子女，而不是其配偶。父母不能试图与子女单独建立友好和睦的关系，除非他或她希望如此。当受到配偶耳濡目染的成年子女意识到父母在刻意避开他们的配偶，甚至对其充满恶意时，子女内心对父母的抗拒可能会进一步加重。

  4. 父母不应抱怨子女的配偶。他们的话语无一例外会经由子女的配偶传到子女耳中，因此给两者的生活带来更多麻烦。

5. 即便不喜欢，父母也应该尊重子女与其配偶为自己作为祖父母角色设定的限制条件。在子女眼中，不愿遵守条件的越界的父母可能是个问题人物。

6. 有时尽管父母诚心道歉，子女或其配偶可能仍会声称他们的道歉不够充分。此时，父母能做的只有再次向他们道歉。或许他们不会因此改变看法，但成年子女想要看到，父母在尽一切努力解决问题。

为何男人结婚后更容易与父母疏远

我在工作中发现，在转而与自己的家人作对这件事上，男人更容易受到配偶或女友的负面影响。其原因有多种：对大多数男人来说，妻子即使不是唯一的朋友，也是最好的朋友。换句话说，如果男人反对企图让他脱离自己家人的妻子或女友，那么他将为此付出更高的代价，因为她对他有着无可替代的重要性：她是他主要的支持和关怀的来源。

此外，努力满足女朋友的愿望可以说是男子汉气概的重要体现。由于害怕被人说成是妈宝男，或者没有能力保护她的幸福，男人可能更容易被操纵。"我现在和你组成了一个新家，你应该优先考虑我和我的感受"，这大概是一句很难不为之心动的话，尤其是当孩子来到这个家时。

无论这种事情在今天有多么普遍，通过与妻子联合起来对抗母亲来证明男性的独立，这种事情并非一直都被认为是美国男人良好的或者必要的行为。根据家庭历史学家丽贝卡·乔·普兰特的说法，过去人们认为证明男子汉气概的做法是让母亲的爱与参与延续，而不是拒绝接受。

内战之后，男人回到家中是由母亲照顾的，而不是妻子。维多利亚时代的母亲有可能会把儿子唤作"情人男孩"，而儿子会称她为"心爱的女孩"，而不必担心会受到嘲笑。而今天你再试试。

历史学家斯蒂芬妮·孔茨曾经指出，到了20世纪20年代，维多利亚时代对母爱的欣然接受和对其必要性的认可开始让位于一种新的观点：这种爱被认为是具有侵扰性的，是把子女当婴儿对待；男性成年的标志应该是与母亲的影响力甚至慈爱保持距离。她以1926年的一部流行戏剧《银线》作为例子。这部剧讲述的是一个儿子在其年轻妻子的帮助下成功摆脱了母亲对其生活的干预的故事。孔茨指出，截至20世纪20年代末，成人与父母的紧密关系已被占首要地位的婚姻关系和隐私权稳稳地取代。

但是事情还并没有就此完结。到了20世纪40年代和50年代，母爱被认为是儿子心理疾病的主要原因。随着时间的推移，精神分裂症、自闭症和许多心理疾病也都被归咎到妈妈们的头上。将母亲的爱或对母亲的依恋归于病态，这种做法促进了一种意识形态的形成，即鼓励发展独立于家庭关系和家庭义务之外的自我。

男性的身上还存在另一个弱点：他们倾向于为避免被情感困扰或者"淹没"而让自己的感情变得麻木。婚姻研究人员约翰·戈特曼注意到，对于大多数男人来说，**夫妻关系的满意度不仅取决于妻子的性反应能力，而且还取决于她们不爱挑剔的程度**。因此，男人更倾向于想要避免冲突和指责，哪怕这意味着不得不减少与家人或朋友的接触。

相比之下，妇女在家庭中通常会扮演亲属关系管理者的角色，而且一旦未能照顾好家庭，就会受到更多来自社会的指责。亲属关系管理者的任务包括记住家庭成员的生日、节假日和毕业典礼——想着及时寄送礼物，写卡片，打电话。保全家庭对她们来说意义重大，而家庭关系的紧张会让她们感到痛苦。然而，维护亲属关系取决于你将谁定义为亲属。我们经常会看到，在儿媳是疏远的主要原因的情况下，她会和自己的母亲组成强大的联合体，将儿子的家庭排除在外。

男人通常无须承担亲属关系管理者的角色，而正因如此，他们在停止与父母的往来时就不会有那么多的负疚感。最后一点，无论对于男人还是对于女人，支持自己的配偶或许与他们想要成为独立的个体并且从原生家庭分离出来的目标相关联。支持自己的配偶会让他们感到更强大或者更独立。简而言之，从成长的角度讲，这似乎更符合作为成年人的感觉。

为何兄弟姐妹不愿和解

山姆的父母很愿意听从我的指导，但他的姐妹却不愿意。她们两人都非常讨厌玛丽亚，以及她给父母带来的痛苦。而且，她们感觉自己遭到冷落：山姆把她们从他的生活里踢了出去，而之前他们之间的关系还很亲密。尽管她们想要自己的兄弟回到生活中来，但是她们含垢忍辱的程度是有限的。而另一方面，只要能让儿子回来，父母愿意忍受任何屈辱。

父母与成年子女之间的冲突通常与兄弟姐妹之间的冲突有很大差异。对于疏远父母的子女来说，拒绝与父母往来这种行为所体现的可以是对自主和权力的争取，甚至是长期深埋心底的伤痛或愤怒的应有果报。它也可以是通过更强烈地向父母索求平等地位来实现权威的再平衡的一种途径。这是通往成年之路的最后一步。

对于被疏远的父母而言，他们所遭受的痛苦不仅来自失去与子女的联络，而且来自失去身份和自尊心。他们失去了自认为是好父母的能力。他们失去了从养育一个以忠诚和深情回报他们的孩子之中感受到的骄傲。

让父母感到痛苦和受到影响的方面与兄弟姐妹们的是不同的，这是因为兄弟姐妹通常感受不到像父母那样的对自身身份和自尊的侵犯。兄弟姐妹的角色中没有像父母那么多的义务或象征性的权威。当成年子女指责父母不是个好母亲或者好父亲时，可能会对父母造成毁灭性的打击。但是，指责对方不是好姐妹或好兄弟，无论这种指责有多么伤人，都不会带来同样的权威或道德上的伤害：对兄弟姐妹的角色要求要更加模糊些。这就是兄弟姐妹之间的冲突有可能会迅速恶化的原因：其中的风险程度不足以促使其中的一位采取高姿态（即所承担的责任超出客观上认为合理的程度）。但是愿意采取高姿态通常是解决疏远的家庭关系所必需的（我将在第7章集中讨论兄弟姐妹问题时，就没有采取疏远的子女为父母提供更多的指导）。

为什么切断了与所有人的联系

被疏远的可能只是一个人,父母当中的一位,某一个兄弟姐妹,或者其他家庭成员,然而成年子女有时会切断与所有家庭成员的联系,就像山姆所做的那样。为什么要切断与所有人的联系?原因可能是成年子女正在试图减少与苛刻的配偶或恋人的冲突,但这并不是唯一的原因:对于某些人来说,疏远是一次难得的重新定义自己的机会。与家人接触的不利之处在于,在这种情况下的自我反思会不断强化那个我们所见到的与自己理想中的(精神分析的法国流派称之为"idéal du moi",理想的自我)不一致的自我。

从这个角度来看,将自己与曾经认识的每个人隔绝开是一种精神上的追求,一种在森林里水断粮绝时的心灵漫步。在那片荒凉之地,人们试图证明自己能够在心理上独自生存,并且充满力量。对于那些过分依赖父母或长大后感到身心有缺陷、感到羞耻或者被家人深深误解的人而言,这种做法尤其具有诱惑力。不同于普遍的看法,这种现象同样也会发生在没有明显功能失调或心理疾病的家庭里。

断绝与父母或者家庭成员之间的联系,这种行为很有影响力——尤其是在像美国这样的社会中,人们缺乏用来标示成长中过渡阶段的文化仪式,或者任何用来标志进入成人阶段或获得掌控能力的形式。因此,对于那些正在努力与一个疏远的家庭成员和解的人们来说,他们有必要认可或承认这一决定中所包含的健康性、力量或者对获得掌控能力的渴望，无论这对接收方来说是多么的无法理解和痛苦。我们很容易会冲动地说："我真不敢相信你会这样对我。"但是最好克制一下自己，说："我知道，如果这不是你最明智的选择，你不会那么做的。"因为这恰恰是那个选择疏远的人的真实感受。

山姆的父母最终与他达成了和解，但这并不是一朝一夕的事。他们需要花很长的一段时间让他相信他们能够容忍他脱离他们，获得自身的独立，同时表达对他的理解，而不是指责他疏远他们。同时，他们还需要耐心地与玛丽亚保持联系，并且留心在她表现出刻薄或者敌对态度时不要被迫陷入防御状态。任务很艰巨，但是最终还是成功达成了和解。

拉赫尔的父母却没有遇到这种皆大欢喜的结局。有时候甚至连她的丈夫都不再理会她父母表达道歉、理解和承担责任的英勇行为。当和解似乎已经无望时，父母在感情上怎么能受得了？他们会遇到什么样的社会性挫折？他们该如何化解这份痛苦？针对这些重要的问题，我将在接下来的几章中分别讨论。而现在，我将以梅兰妮·高兹·哈里斯的一首诗作为本章的结尾。

失去女儿的艺术

你一件一件地翻开往事，为了忘记

她迈出的第一步，说出的第一句话

柔顺剂、宽齿梳，每一天

你梳理着她的卷发

第6章 女婿、儿媳和"精神控制"

你怀她之前的

那些时光

然后,你幸福地看着她

在屋子里摇摇晃晃

在钢琴上叮叮咚咚

在电视机前望着罗杰斯先生

那些她患哮吼的夜晚

丈夫答应你睡在雾气腾腾的浴室里

怀里抱着她

你受不了看着她呼吸困难

你给她洗澡,唱着"我把我所有的爱都给你"

然后将她包裹在一条粉红色的婴儿毛巾里

继续唱着"这就是我要做的"

你把她寄放在教堂育儿室的那天,你哭了

你将她留给朋友照看的那晚,人人都说她很安静

然后,她看到了你,却号啕大哭

你呀,干嘛要离开她

你知道她弄不明白

后来在学前班,躲在墙角面对着墙

她揉着眼睛,揉出了擦伤

只是为了不肯承认自己没做的事

进入幼儿园,她是个繁忙的话剧导演

一年级里,她是一颗闪亮的小明星

就这样,年复一年

然后,她交了男朋友

一个男人请你

给他你的祝福

那一次,他让你心痛

然后,他让你每一天都心痛

因为,他把她从你身边带走了

那么,该是忘却的时候了

她是被迫做出选择

她选择了他

而你知道,保存记忆太痛苦

你和她一起走过的成长之路

走到了尽头

所以你必须学会失去她

每一天

你知道这将是永远

你望着她走远

脚上穿着那双白色的玛丽珍鞋

依旧蹒跚学步地,向前

走向她的命运

她很好,挺不错

他们说

第7章

兄弟姐妹的疏远
对其生活及周围人的影响

萨莉和卡拉长期不和,因此需要帮助。这两个姐妹关系时好时坏已经有10年了。卡拉与她们的母亲琼住在一起,而萨莉疏远了她的母亲。两个人都知道她们的母亲是一个非常难相处的人,情绪很容易波动,动辄就发脾气。然而这两个女儿应对母亲的策略从小到大都始终截然不同,而且这些策略仍然在影响着她们当前的矛盾冲突。最近的争执与卡拉的要求有关。她要求萨莉补偿她照顾妈妈的时间和精力,而萨莉拒绝同意。在将矛盾提交法庭审理之前,这两个姐妹决定寻求我的帮助,作为为调停所做的最后的努力。

当我见到她们时,我吃惊地发现她们看上去多么的不同,简直就像没有亲缘关系一样。卡拉小两岁,但看起来年轻得多。她很有魅力,善于交往,而且还带着一种幽默的自嘲。萨莉比卡拉高将近一英尺,看上去就像是个准备打架的人。当她坐下时,脸上带着挑衅的表情,仿佛是在想着我会像其他所有人一样站在妹妹一边。

听她们讲述了目的之后,我开始询问关于她们在同一座房子里长大的生活。

望着她们讲述自己的童年,我在想,基因和环境的变化常常会让兄弟姐妹之间的差异性大于相似性。卡拉小时候是个安静、敏感并且乐于助人的女孩,而萨莉则是直率、好斗、热情。卡拉能够默不作声地从情绪中平静地走出来,萨莉却感觉不断被情绪包围。

从萨莉对童年的描述可以看出,很显然,她羡慕卡拉能够在目前的情绪中游刃有余的能力,她可以在她需要的时候翩然而至,逗她开心,又可以在她不耐烦的阴云转向愤怒的时候飞奔而去。萨莉说,直到疏远发生之前,她和她的母亲就像进入第九轮比赛的职业拳击手,务必要一决雌雄,两人针锋相对,寸步不让。

我抵制住了站在更迷人、更理性的卡拉一边的冲动。我能够看出萨莉有限的控制自己情绪的能力让她在成长过程中与母亲令人窒息的抚养方式格格不入。萨莉易怒和不稳定的情绪可能会让她更容易发火,从而获得更少的来自母亲的支持。相比之下,卡拉却有着惊人的理解母亲脾气的能力,这使她能够免受伤害,并在冲突升级的时候安全脱身。

父母不平等的爱

父母常常对孩子说"我们对你们的爱是一样的",但是大多数孩子都知道这是骗人的。我知道我的母亲在我和我哥哥之间更喜欢我。整整8年我都是那个乖宝宝,以我那颗诡计多端的小心脏能够调动起的所有魅力、纯真和光彩占据着这个位置。我的哥哥的性情更适合生活在武士家族，而不是中西部郊区的部落。他为我创造了太多的机会，让我通过充当一个随和的儿子，讨得了母亲的欢心。

因此，我能够理解为什么萨莉讨厌卡拉——出于同样的原因，我可以理解为什么当我的父母离开房间时，我哥哥会从背后猛地给我一拳，或者在我的胳膊上使劲儿拧一把。充当一名俄狄浦斯的胜利者是有其代价的。

萨莉在童年时期、青春期、成年时期都在为此感到苦恼。她使我想起了我的其他客户，他们似乎带着三度灼伤来到世上——每一次与人类的相遇都会使他们受到伤害，变得脆弱。但是萨莉很有才华，她也因此考入了达特茅斯大学，攻读一个颇具竞争力的生物学研究生课程。在那儿，她遇见并且爱上了来自爱尔兰的研究生肖恩。

肖恩像是有时会发生在那些原本不幸的人身上的珍稀的补偿：他是个好人。肖恩也是萨莉所需要的并且有父母从未给予过的：亲切、沉稳，并且能够为爱的空间设定界限，以免它变得无法控制和具有破坏性。肖恩鼓励萨莉尝试家庭治疗，而不是上法庭。

很显然，卡拉和萨莉需要有人帮助她们了解她们为什么争吵。从萨莉的角度来看，多少钱都无法取代卡拉从母亲那里得到了更多的爱和关注的事实，而她得到这一切的手段是充当一个更讨人喜欢、更可爱的孩子。正是由于这些特质，她从妈妈那里获得的，比萨莉能够或者愿意得到的要多得多。

从卡拉的角度来看，萨莉没有承认她照顾母亲所做出的牺牲。萨莉也没有承认这种牺牲是如何干扰了她生活中其他有意义的事情的，例如约会或者独处的时间。此外，由于萨莉扮演的是"问题女儿"的角色，因此卡拉就更有义务维持"完美女儿"的角色，因为她不想让父母感到担心。尽管她们的母亲因萨莉的疏远感到悲伤，但是她一生对卡拉的明显偏爱导致了萨莉的不幸福和最终的疏远。

成年后兄弟姐妹的相互疏远是否应该归咎于父母

我在工作中经常会遇到个别客户，他们想要探究一下自己对受到与兄弟姐妹不同对待的感受，并且希望了解这些区别对待对他们的自信心或自我认知造成了怎样的影响。由于兄弟姐妹通常是最长久的家庭关系，因此他们在整个人生过程中影响（无论积极还是消极）另一个人的能力就显得非常重要。研究表明，区别对待（父母对子女当中的某一个表现得更积极）会影响孩子的整体幸福感，即使是在他们长大之后，同时也会增加以后患抑郁症或者缺乏自尊心的风险。

然而，兄弟姐妹的关系受到父母影响的程度并没有像我们想象的那么严重。兄弟姐妹可以进行一系列超出父母控制或影响范围的行动，包括选择朋友、活动或恋人，这些都会使他们朝着无法预测的方向发展。对于贫困的父母或收入有限的父母来说，情况尤其如此。即使是同在心理成熟且有责任心的父母的抚育下长大，兄弟姐妹之间的差异也可能会导致后来他们之间的疏远。父母在破坏兄弟姐妹关系方面能做的事情不计其数，然而父母为了让他们变得更和睦而所能做的事情却往往是有限的。

兄弟姐妹的关系不是一种简单的因果关系，而是在遗传倾向与文化、邻里、在线网络舆论影响、经济的安全与否以及幸运与否的相互作用中不断得到调节的。那些对抗型的、有攻击性的、反应过度、冷漠的孩子，或者患有多动症、学习障碍、自闭症，甚至易患抑郁症和焦虑症的孩子，可能会给父母和兄弟姐妹带来麻烦。而且让事情变得更加复杂的是，一个对父母依顺的孩子（例如卡拉）可能会招来另一个不太讨人喜欢或者与父母性格不合的兄弟姐妹（如萨莉）的嫉妒、愤怒甚至虐待。

如果兄弟姐妹们彼此疏远或者冷漠相待，许多父母，尤其是妈妈，会感到自己有负于子女。这未免有些可悲，因为，今天的父母如果还能够对子女关系的性质产生影响，他们的影响力已经比不上以往任何时候了。与婚姻以及父母和成年子女之间的关系一样，如今，除了亲情纽带以外，几乎没有什么可以作为兄弟姐妹彼此之间的纽带。正如家庭历史学家史蒂文·明茨所指出的，以往兄弟姐妹曾经为物质资源相互竞争，而如今的他们相互竞争的是很难量化的情感资源。"妈妈最爱你"要比"爸爸给你一百英亩地，而我所得到的只是这头破牛"更难衡量。当爱和关注成为所要衡量的方面时，误解和敌对情绪就会泛滥。

尽管兄弟姐妹之间的冲突和反感有时似乎是不可避免的，但在美国的历史上这种情况并非由来已久。在美国建国初期，欧洲裔美国人的兄弟姐妹通常会在彼此的生活中扮演更重要的支持角色。在非裔美国人、美洲原住民以及欧洲裔美国人的家庭中，兄弟姐妹之间的关系极有必要地弥补了财富、地位和权力上的不平等。在20世纪之前，兄弟姐妹之间的忠诚和感情，而不是竞争和冲突，要比现在常见得多。兄弟姐妹之间的公开竞争是件令人厌恶的事。历史学家达利特·汉普希尔指出，在较富裕的家庭中，例如新罕布什尔州的布朗斯家族、马萨诸塞州的塞奇威克家族、宾夕法尼亚州的雷诺兹家族和南卡罗来纳州的伊萨德家族，"兄弟姐妹通常会表现出忠诚，并且在做每项决定时都会相互协商"。

历史学家彼得·斯特恩斯观察到，随着家庭规模从1900年的平均每个家庭4到5个孩子减少到1925年的平均2到3个孩子，专家们突然对兄弟姐妹之间的冲突感到担忧。教育改革家多萝西·坎菲尔德·费舍尔在1932年就警告说，父母必须为阻止兄弟姐妹之间的竞争和嫉妒做出努力。"煽动子女之间的竞争时……父母可能是在摧毁他们现在和将来获得幸福的机会。"斯特恩斯认为，在大家庭里，孩子们通常会将自己视为责任共同体中的一部分。相反，小家庭则可能会导致兄弟姐妹之间联系的减少和竞争的加剧。而且，正如我们从卡拉和萨莉的例子中看到的，松散的关系有时可能意味着更大的冲突。

帮助兄弟姐妹理解彼此的家庭治疗

对夫妻的研究表明，深入了解对方的观点通常有助于让夫妻关系从僵局转向妥协和谈判。而我的经验是，帮助兄弟姐妹理解彼此的观点也有助于化解僵局。

第7章 兄弟姐妹的疏远对其生活及周围人的影响

但是，让一个人去了解另一个人不是一件容易的事。兄弟姐妹的心里可能会背负着相当沉重的包袱。尽管父母通常愿意尽一切努力让疏远的成年子女重返生活，但兄弟姐妹可能不会那么积极地表现出化解矛盾所需的奉献精神、同情心和责任感。

在父母与成年子女关系的心理治疗中，最终的成功通常取决于最有权力的一方。权力并不一定意味着财富或地位，而是谁拥有更多各方都想要的东西。权力较小的人可能会更愿意接纳权力较大的人提出的条件，因为后者对他们有积极或消极的影响力。比如说，如果父母的目标是与一个疏远的成年子女和解，那么子女的影响力就会更大些，因为他的立场的驱动力来自于强烈的作用力、成长和从压迫者身边解放出来的故事。对于孩子来说，转身走开对他们非常有利。相反，和解对他们却很不利。而对于父母而言，持续的疏远以及疏远持续所造成的明显劣势几乎没有任何好处。这种现实削弱了父母在谈判中的力量。

然而，来进行心理咨询的兄弟姐妹通常都是平等的，双方都把持着对方想要的东西。比如，一位兄弟姐妹可能希望减少对疏远的内疚感。另一位兄弟姐妹则可能希望与对方有更多在一起的时间。发展心理学家露西·布莱克观察到，姐妹们之间的互动通常会比兄弟们的更频繁、更积极。虽然对父母或其他家庭成员承担责任常常会让一些人感到负担沉重，但是承担责任也可以是一种让人感受到在家庭中的地位或意义的途径。

萨莉希望卡拉承认萨莉在家庭中的地位较低，并且卡拉仍然在受益于她作为宠儿的事实。她还想挫败卡拉向母亲要钱的企图，因为这会影响她最终的继承权。

她们有不同的目标，而我想找到帮助她们的最佳方法。许多人认为家庭治疗师就像法官一样：他们不偏不倚，认真倾听，然后手握木槌，宣布一个人是对的，而另一个是错的。"此案被驳回。离开法庭前，请先与法警联系。"但是我却很少动用自己通常被赋予的权威。相反，我通常会尽量帮助每个人以一种明确、直接的方式谈论自己的经历和愿望。

然而这种做法有其自身的危险性。对于客户来说，公开谈论自己的感觉、需求或看法可能会让他改变自己熟悉的对往事的叙述——他一生都是这样对自己叙述往事的——取而代之以一种可能会引起更多自我批评、内疚或者悲伤的叙事。这些感觉是我们大多数人尽可能避免的。而且，不愿意换一种方式叙述往事的人还会面临另一种诱惑，那就是，感受那些最好不去触碰的感觉。这就是有些人会避免寻求心理治疗的原因：不仅是因为一种普遍存在的误解，认为获得帮助是软弱的表现，而且因为他们不愿发掘那些他们竭力埋藏在心底的痛苦的情感或记忆。

过多地透露心底的秘密，无论对他人还是对自己，都是有风险的，而在家庭心理治疗中尤其如此。在这种情况下，其他参与治疗的家庭成员会影响、反对或者驳斥某个人长期自持的形象。他们的故事情节有可能会从自传式的事实沦落为有争议的观点。出于同样的原因，有些人会避免在假期去拜访家人：这不仅是因为他们想要躲避冲突，而且还因为希望躲避那个他们竭力想要改变或重写的自我映像。

卡拉和萨莉：家庭治疗的艰难开端

卡拉更愿意迈出朝向和解的第一步。

"萨莉，"她开始说道，"我知道我的日子比你的好过。我知道你小时候妈妈对你不好，你为此付出了很大的代价。我也知道，爸爸对一切袖手旁观，一定让你觉得他也站在她一边。"

"说得一点儿没错。"萨莉说，眼睛看着手机。

"所以，我能理解你的感受：我已经从他们那里得到了一切，为什么还能得到更多的钱？"

"你说对了。"萨莉不为所动。

"萨莉，我能理解，真的。"

我没有事先为卡拉准备这样的开场白，但是我很高兴她是这样说的。尽管我们的共同会谈没有取得突破性的进展，但它依然是她们之间关系改变的起点。

我让萨莉也考虑一下卡拉的立场，结果这个要求对她来说就比较难以接受。她没等到卡拉把话说完就把打断了。

"是的，"她带着居高临下的气势说道，"你觉得自己生活艰难，因为你住在妈妈的房子里一分钱房租不用交，而现在你希望有人为此替你付钱。"

我试着给她做个示范，但是她不配合。很明显，我让萨莉只是简单重复卡拉观点的这一要求在萨莉看来是要让她赞同卡拉。我认为理想的回应应该是这样的："就是说，卡拉，听上去你似乎觉得我没有考虑到你目前为妈妈做出的让步，你为她所做的付出本应该由我们雇人来做，所以你应该为此得到补偿。你觉得我没有考虑到，你也因此让自己的生活受到侵扰，失去了一部分我所拥有的自由。我说的对吗？"

如果萨莉能说出这些话，那么我会让她再向前迈一步，去寻找其中的合理内核。

如果她能够说"是的，我能理解为什么你会有这样的感受。虽然你和妈妈比我更亲，但是这也妨碍了你做你想做的其他事"，这并不意味着她同意卡拉的观点，也不意味着她想改变她的想法，而只是表示她能够理解卡拉之所以采取这样的立场并不是因为她失去了理智。然而，事情并没有沿着这个方向发展。第一次会谈最终没有达成任何结果。

自由地表达隐讳之言

让萨莉说出卡拉的立场为什么这么难？萨莉来参加家庭治疗，这已经让她降级为一个谈判者。和生活中许多遭受过痛苦的人一样，在她看来似乎任何态度上的松懈都会让她不可或缺的防火墙崩塌。她觉得（无论对与错）自己在生活中的一切所得都是她奋力争取的结果；卡拉的讨人喜欢及其在家庭中受宠的地位已经深深印在她的潜意识里；她担心自己的观点会被卡拉的淹没；而且，作为治疗师的我会像她的母亲及其他所有人一样禁不住卡拉魅力的吸引而站在她那一边。

我决定改变策略：我不再让她去思考卡拉的立场，而是更多地去关注她此刻的处境。

"萨莉，重复卡拉的话一定是让你觉得，你给予她的超出了她应得的。你一定会想：'为什么她一辈子都占据着宠儿的位置——然后又要为此得到报酬？我为什么要重复那些不公平的话？'"我瞥了一眼卡拉，看看她是否反对我的观点。

她没有。"嗯。"萨莉用谨慎的目光注视着我，等待着另一只靴子落地。

"所以这或许就是你的立场。我能理解。从卡拉的角度看，她觉得自己得了更多的好处。但是从你的角度看，你完全没有义务接受她提的那些条件。这样事情就很难办了。你的态度可能只是：'对不起。我估计我们得上法庭讨论这事，因为我认为你根本不应该再得到比你已有的更多的东西了。如果你认为这对你不公平，那就随你便。'"

"我现在人在这里了，不是吗？"萨莉略带讥讽地对我说，"如果我是那么想的，我们也没必要花那么多钱找你，对不对？"

"你说得对，"我说，早料到她会把怒火转向我，"而且我也认为在这里解决可能会比到法院解决更便宜。我只是在说，我们可以一致认为这件事无解，不必在此费心思了。这种决定也是一种选择。"

我发现，把最极端的情况摆出来，甚至推衍到比当事人自己讲的还要极端，对于解决家庭问题来说是一个很有用的办法。通过这种方法，所有的可能性都可以拿出来讨论。在婚姻治疗中，如果婚姻中的一方或双方不断威胁要离婚，并以此作为一种恐吓的手段，或者是一种用来拒绝接纳另一方提出的改变要求的方式，我就会采取同样的办法。尽管我不喜欢离婚，尤其是在涉及孩子的情况下，但我也不认为这种可能性应该被当作是如此不可触碰的禁区，以至于让治疗师变得束手无策。因此，有时我会为了让一些难以倾吐的话说出来，我会这样说："面对牵扯到孩子的离婚时，我是最不主张离婚的，但是也许我们应该讨论一下这个问题。"然后我会停顿一下，看看他们的表情中流露的是释然还是恐惧，然后继续施压："你们两个是否想过这些问题：如果你们打算离婚，房子留给谁，你们喜欢哪一种共同监护安排，你们打算怎样告诉孩子？"

通过提出结束治疗并接受分居的前景，我强迫这对夫妇思考他们对这种决定有什么样的感觉。这消除了将分离作为操纵的武器的作用。它使他们可以与隐藏在威胁之下的感觉进行对话。这是你想要的吗？让我们认真考虑一下。

我自己就落入过这种绝望的谷底。在我的双胞胎儿子还小的时候，我和我的妻子接受了夫妻心理治疗，试图挽救我们的婚姻。我满怀深情地将这个阶段称为"黑暗的岁月"。在两个孩子出生后的10年里，我和我的妻子似乎不止一次地轮流说："也许我们应该分手。这样的日子根本没法过下去了。"这倒不是在威胁对方做出改变，而是在示意我们的婚姻可能是一个严重的错误。一方面我们要照顾两个双胞胎男孩，另一方面我想要让生活在继亲家庭里的女儿感受到爱并且有安全感。我们在不断寻找两者之间的平衡中陷入了绝望。我的妻子感到沮丧，因为她认为我不能够适应新的家庭生活，没有让她感觉到公平和家庭应有的亲密。而我觉得她太专注于抚养孩子，不再像双胞胎到来之前那样享受乐趣。我们俩都想象着一个和自己志趣更加相投的人——那个在我们刚刚步入婚姻殿堂时忽视了的彼此。

幸运的是，我们有一位非常好的夫妻心理治疗师，而且我们能够经受住暴风雨的考验，或者至少能够留出足够长的时间让自己成长。但是我亲身体验到，大胆表达出自己保持的某种立场有助于事情的明朗化，哪怕那是一个很极端的立场。这样可以让未来变得更清晰。否则，你可能会把那个立场视为不可触碰的危险禁区。这种做法得益于我们的文化对家庭关系中自信和权利的错综复杂的重视：你不喜欢这样？那请你自便。有时候，只要对自己或他人重申这一真理，就会让你感到力量倍增。而一旦某个立场明确化后，你就会更容易知道你是否愿意采取实际行动。

尽可能畅所欲言，这在父母和成年子女关系治疗中也很有用。有时候，我对成年子女观点的支持态度甚至比他们自己针对父母的还激进：如果我觉得他们说话在绕圈子，我可能会说："你觉得你父亲在你成长过程中有负于你，那你为什么现在还在那里陪着他？"这种问法提供了一种类似于"是他说的，我没说过"的掩护，让他们能够触碰一下他们可能不敢表达的东西。我的这种比成年子女更为大胆的说法促使他们能够更客观地审视自己的立场，而且内心的矛盾冲突也会比自己表达时少。如果成年子女的感觉确实如我所说的那样，那么现在这种感觉是被暴露在外的、可以讨论的。但是，如果我所描述的不是他们真实的感觉，也可以让他们有机会完善我所说的话。

这就是为什么我总是告诉父母从理解对方做起。反思成年子女所说的话，谈论其怨言中的合理内核。父母越能证明自己是在同子女一起探究子女所抱怨的东西，而不是一名被控诉者，就越能够迅速地了解到子女对自己的感受。而且更重要的是，子女能够了解到自己对父母的感受。

他们不是已经知道了吗？不，并非总是如此。生在黑暗里的，会长在黑暗里。如果话是说不出口的，那么它也可能变成理解不了的。大声说出来——并且看到你们双方都能承受——会为你们提供一个机会，让你不仅能够明白自己的感受，而且在话说出口的那一刻，能够明白自这些感受是否真实。

寻求对方的理解和同情

虽然我不敢说自己有把握让这两个姐妹最终和解，但是我还是能感觉到她们之间有一种谨慎把持的感情。考虑到首次会谈的困难性，我通常会在结束时要求每个人说出自己在哪些方面喜欢、喜爱、羡慕或欣赏对方。这不仅有助于修复会谈期间传递的怨言所造成的伤害，而且还有可能让双方的关系朝着更加信任、积极和开放的方向发展。

从她们对这个问题的回答中可以明显看出，卡拉羡慕萨莉的力量、果断和不计成败为自己而战的勇敢。萨莉尽管嫉妒卡拉，但还是为她能够轻松地将积极的人和事带入生活中的能力感到骄傲。而且两人都表达了对对方幽默感的欣赏。然而，会谈结束时，我无从知晓这些东西是会让事情变得更好还是更糟。无论是针对兄弟姐妹、夫妻还是父母与成年子女，家庭心理治疗都不是懦弱者的游戏。我们经常会看到，人们在第一次会谈之后变得比刚来时更加粗鲁。有时候会谈之间情况会恶化，因为其中的某个人感到被其他家庭成员或者我误解了，而我是在下一周会面时听说的。（当然，除非他们不出席。）

另一方面，我有时利用会谈的间歇时间会让人们能够将会谈期间松散的思路整合在一起。我常常会惊奇地发现人们有一种迅速获得洞见和观点的能力，而仅仅几个星期前这些对他们来说还似乎是无法企及的。两次会谈期间的时间会让一些人更加冷静和客观地思考治疗师或其他家庭成员所说的话。当这种情况发生时，他们便是做好了以新的方式重新开始的准备。

在处理家庭问题时，有一个不言而喻的道理：心理治疗只能以心理最不健康的成员的速度进行。在接下来的会谈中，我发现萨莉态度温和了一些。虽然她还是一副准备打架的架势，但是似乎已经不再认为我会自动站在她妹妹一边。她在思考我的话时，明显少了冷嘲热讽，多了几分好奇心。

萨莉新的倾向给了我希望。这意味着她也许能够在不放弃自己任何目标的情况下展示出对卡拉的同情和理解，这一结果本身就是一份心理收获。在接下来的一个月中，她们达成如下折中方案：萨莉同意从母亲的财产中支付一定数额的费用给卡拉作为她与母亲同住的报酬。这笔金额比她索要的少，但比她在治疗开始前得到的多。卡拉还表示愿意将每月支出的账单和收据出示给萨莉，这样可以使萨莉放心，卡拉所得的不会超出其应得的。更重要的是，她们在会谈中在一起的时间让她们能够朝着结束疏远、开启新关系的方向迈进。这种改变显然是双方都想要但却不知道该如何实现的。

第8章

金钱如何使父母与成年子女渐行渐远

谢尔登和邦妮想要找到一种将其子女从他们的遗嘱中剔除的最佳方式。在过去的一年里,他们一直在参加我的网络研讨会。最后他们认为应该征询一些针对个案的建议,因为这是一项如此重要的决定。谢尔登82岁,邦妮72岁。他们看上去都比实际年龄小10岁。他让我想起了我自己的父亲:瘦高个儿,特别爱找乐子,乐观地面对生活中的困难——疏远完全是最不可能发生的事。邦妮身材娇小,身体健康,戴着一顶看似曾经很昂贵的金色假发。她尽情享受着丈夫和我之间的嬉戏玩笑,因为她知道我们幽默的交流是一种男性之间的规矩,一种抵御软弱和屈辱的护身符。但是她的眼里却反映出某种亟待解决的苦恼。

金钱可以用来表达爱、承诺、价值、保护和安全。同时,它有时可以用来控制、惩罚、操纵和表达失望。在父母与成年子女关系的场景中,金钱可能会导致子女想要离父母更近、更远,与其他兄弟姐妹竞争,想要长大或永远生活在父母的保护伞下。在本章中,我们将探讨金钱会如何让彼此之间的关系进一步恶化,如何让父母与成年子女或者兄弟姐妹之间的关系复杂化，以及如何导致父母考虑将子女从其遗嘱中剔除。

不想奖励"不良行为"

我通常会要求父母提供发生在疏远之前的任何形式的沟通内容。这样我就可以有一个了解成年子女如何思考和建立因果关系的窗口。父母（每次都是母亲）带过来的往往不仅是子女充满敌意的信件和最后通牒，而且还会有一大堆过去美好时光里的照片和洋溢着爱的信。这些昔日的爱的信息可以作为一种证据，用来反击他们以为外人会给予他们的指责或批评。

查看交流的历史也可以帮助我回答以下问题：

- 父母的要求有多少合理的成分？
- 成年子女在多大程度上看起来可信赖？
- 是否存在比成年子女对疏远的影响更大的其他人（例如，配偶、另一位父母的前任或其他家庭成员）？

阅读这些往来信件也让我能够有机会了解父母在多大程度上促成了疏远。例如：

- 父母对成年子女的回应或要求在多大程度上体现出了对对方的尊重？
- 他们对于子女关于设立界限的要求是接受，还是认为这些要求太过分？

- 他们对于子女婚姻的态度是支持，还是过分贬低？
- 他们对于子女的观念与自己存在差异是支持，还是过分指责？

在阅读谢尔登和邦妮与儿子的往来信件时，似乎可以很明显地看出，他并没有主动疏远——他只是没有像他们希望的那样有时间陪他们，尤其是结婚以后。但是在听了他们的讲述之后，我明白了为什么这会让他们如此痛苦：他们婚后的最初几年里，由于一系列流产，他们已经放弃了为人父母这件事。然而后来，邦妮在41岁的时候怀孕了，并且顺利将儿子怀到足月。索尔出生了，而且健康、强壮。更重要的是，索尔是他们一直盼望得到的孩子：有爱，善良，富有同情心。

在索尔结婚之前，他们感到自己像是中了彩票，尤其是当朋友抱怨自己与成年子女的关系时。但是在索尔结婚之后，尤其是当他也为人父母之后，他开始变得越来越疏远：电话越来越少，探访次数也越来越少。等到他们抱怨再也见不到他时，会更加沮丧。

"我们用什么方式将他从我们的遗嘱中剔除？"邦妮问我，"我们想把钱留给孙儿。我们不想惩罚索尔，但是考虑到我们被他如此对待，我们真是觉得不能给他一份遗产。"

我抑制住了想要发表我此刻想法的冲动："你们是否知道，来我这里咨询的真正被疏远的父母，他们当中有多少人愿意付出一切代价去获得像你们和儿子之间那么多的联系？"但是我没有说。他是他们的独子，他们是老来得子。对他们而言，时间更加宝贵，看护孙女的机会更加有限，更急切地需要解决冲突的能力。和大多数人一样，他们判断自己的处境时依据的不是他人的生活,而是他们曾经与他在一起的生活。

"我明白你们为什么如此难过。这是个巨大的变化。他曾经有时间陪你们,而现在他这么做的时候越来越少了。"

"你认为是他妻子的原因吗?"谢尔登问,"我有种感觉是她。"

"哦,她见面时对我们一直很好。"邦妮说。

"我不认为是她,但谢尔登认为是。"

除了作为丈夫和父亲承受的正常压力之外,在我看来,他们的儿媳并非是一个重要原因。他的疏远似乎更像是亲近父母的时间的正常且可以预见的减少:他已从一个有爱心的可亲的儿子转变为一个有爱心的可亲的丈夫和父亲。

"那么遗嘱怎么办?"邦妮追问。

我问他们希望从他们提议的做法中获得什么。

"嗯,我们不想惩罚他,可是想到他给我们带来这么多痛苦,我们觉得他真不应该得到遗产。"

"你们觉得奖励不良行为让你们变成了伪君子?"

"正是,"邦妮说,以为我赞同她的想法,"那么你怎么看?"

我说:"我的想法是两方面的。"在对人们说出逆言话之前,用大量的时间对对方表示同情肯定没坏处。"一方面,我完全理解。他已经从一个好儿子变成了一个你们总也见不到的人。而且,即使你们对他表达了你们有多难受,他仍然没有乐意多花一些时间陪你们。"

"说得对。"谢尔登说,有种感觉被证实的斩钉截铁。

"但是,"我轻声说,"索尔的行为也不算是很不寻常,而且我敢肯定他不是故意疏远。他只是不再像从前那样有时间,也许我们可以看看是否可以让这种情况有所改变。但是根据我在他的书信中读到的以及你们告诉我的所有内容,看上去他似乎确实只有那么多时间。而且听起来他好像确实很在乎,尽管他的话让你们感觉不到他很在乎。似乎他真的为给你们二人带来如此大的烦恼而感到非常难过和内疚。"

"如果他感到内疚,为什么不为此做点什么?他是个成年人。"谢尔登说。

"我明白你的意思。但是我们会感到内疚,是因为我们知道我们的选择会对我们所爱的人造成伤害,即使我们感觉这些是当时能做出的最好的选择。"

我谨慎地继续着,因为父母们总是会讨厌我的下一条建议。

我说:"我也不是很喜欢将子女从遗嘱中剔除的做法,哪怕是隔代的,除非确实有充分的理由这样做。在你们这里,我不敢肯定是否存在这样的理由。你们的目标是不给他遗产但又不想惩罚他,但是没有任何一种方式可以做到这一点。对他来说,这就像是一种惩罚。"

"有没有一种成文的形式可以避免产生这种感觉?"邦妮问。

我说:"我不知道那会是一种什么形式。无论你怎么措辞,你还是会做出表达强烈怨言和拒绝的陈述。我认为遗嘱会关系到你希望留下什么样的遗产,不是吗?你们从自己父母过世的经历中已经了解到,我们死后仍是父母,因为我们会继续活在子女的思想中和内心深处。他已经为无法给你们更多而感到内疚，因此以这种方式书写遗嘱只会让他感到更痛苦。我认为这不是你们的目标，对吗？"

"是的，我们不希望他感到更痛苦。我们只是不想奖励不良行为。"谢尔登说，陷入沉思，同时有些生气——我无法判断是因为我还是冲着他的儿子。

"我真的不认为我们可以称其为不良行为。你们可以说自己感到难过、失望、伤心，希望事情是另一种样子。但是索尔的行为太正常了，不能算是不良。而且，更重要的是，你们越是抱怨他没时间陪你们，他就越不想花时间陪伴你们。"

谢尔登看着坐在对面的邦妮，带着一种我凭借多年经验而熟知的表情，仿佛是在说："我跟你说过心理治疗就是浪费时间。"但是他们同意再进行几次会谈。尽管他们同意不再让儿子陷入内疚并且充分考虑他的时间安排，但是他们并没有听取我的建议将他留在遗嘱里。

如果将遗产略过子女留给孙辈

某些被疏远的父母认为，考虑到他们受到了伤害或忽视，给子女留下遗产让他们感到不合理，因此他们会将其留给孙辈。这种做法有以下的积极因素和消极因素。

积极因素：

- 父母通过把遗产留给子女的孩子而间接地将其留给子女。
- 父母是在承认孙子是疏远的受害者，而不是主要的诱因。

- 父母将一份对他们而言具有意义和价值的礼物送给孙辈，并且很有可能也是送给子女。

消极因素：

- 无论措辞多么小心，这传递给子女的信息仍然是惩罚性的。
- 这样做会使孙辈对他们的父母感到歉疚，并且会让他们与父母的关系更加复杂。这种歉疚感可能会减轻或消除这份礼物的积极意图；让他们变成与父母一起的看守者；或者变得负担沉重而不是欣然接受。

如果是有虐待倾向的子女

凯瑟琳感到自己被人利用了。她的儿子艾伦再一次没有服用治疗双相情感障碍的药物。他再一次在电话里对她大喊大叫。他再一次对她说她是一个多么糟糕的母亲，说她毁了他的生活，家里的每个人都恨她，而且她是一个以自我为中心的人。他希望她赶紧蜷缩成一团然后死掉。她挂了电话，感到愤怒、伤心和羞辱。认识一下艾伦：37岁，单身，失业，靠母亲的钱生活。

和邦妮与谢尔登的情况一样，凯瑟琳并不是完全疏远（如果疏远意味着失去联系的话）。相反，她陷入了一种与儿子的糟糕的关系中，而且由于这种关系而无法做出经济上的决断。她对我说："我感觉自己造出了这个怪物。我知道我不应该将自己的儿子称为怪物，但是他就像个怪物。我一直觉得他变成现在这样子一定是我的错。他的父亲和我在他小的时候分居了。他的父亲是一个和善的人。但是我儿子基本上不想和我们任何一个人有任何关系。我唯一能听到他的消息的时候是他需要钱的时候。我不断给他钱，因为我感到内疚。"

我对凯瑟琳的过去进行了详尽的考察，包括她儿子的成长经历。其中对父母有用的部分是学习如何区分可能对孩子的成长有害的决定。尽管她抚养子女的方式还远未达到完美的境地（有人能做到完美吗？），但是她的行为似乎不太可能会致使艾伦以一种失控和侮辱性的方式对待她。成年子女说"我很讨厌你不能更多地在我需要的时候帮助我，你太爱挑剔，只顾自己，等等"是一回事，但是大喊大叫侮辱对方并说他们该死的行为则是另一回事。

以受害者的身份冒犯

在大多数情况下，如果我能让一名疏远的成年子女和父母同坐在我的办公室里，只是因为父母写了一封道歉信，表明他们意识到自己对他们造成的损害，以及想要弥补的强烈愿望。如果孩子真的受到过虐待，那么这个孩子需要一些时间才能以一种没有太多监视的方式谈论父母因虐待子女而给他们带来多大的痛苦，这是可以理解的。鉴于此，我会给他们一到两次的会谈时间让他们宣泄，目的是为了帮助父母倾听、学习和理解。

然而，许多成年子女觉得自己可以永远像心理学家特里·瑞尔所说的那样"以受害者的身份冒犯"：你伤害了我，所以我因此有理由对你表示轻蔑和不尊重，而且我想持续多久就多久。我有时候会从（尤其是单身母亲的）成年儿子那里听到这样的话："现在我有了孩子，我无法想象用你对待我的方式对待我的孩子。你当时是怎么想的，竟然这样虐待一个小孩子？"我可以想象一个已经长大成人但依旧感到受伤的孩子是出于真正想要理解的愿望而提出这个问题的。"妈妈，你当时是怎么想的？为什么你对自己情绪的控制力这么差？你的那些情绪会伤害到一个小孩子的。"

无论疏忽还是情感上或身体上的虐待，我都见到过寻求理解的成年子女和寻求弥补的父母如何创造出意义深远的弥补机会，这机会既是给父母的，也是给子女的。对于成年子女来说，这有助于他更深入地理解自己不应该受到这种创伤。对于父母而言，它也提供了弥补其所造成的伤害的机会，并且让他们能够开启自己漫长而不确定的自我同情之旅。

然而，对于一个提出这个问题而不在乎答案——只是为了羞辱父母并且为自己的疏远行为辩护——的成年子女来说，这种做法是为了想象自己在某种程度上是更纯净的，与导致伤害性的父母行为的任意而可怕的力量隔离开来。此外，无论他们在羞辱父母的那一刻如何感到力量倍增，这种做法也还是会将他们与受害者的形象联系在一起。

直到27岁时第一次躁狂发作之前，艾伦从未辱骂过他的母亲。他的剧变使他的母亲完全措手不及。他最终去看心理医生，病情在治疗的作用下有所稳定，并恢复了与凯瑟琳的联系。他暂时恢复了常态：又恢复了平静，恢复了礼貌。但是他讨厌这种药物给他带来的感受，所以不能长时间坚持服用。当他不再服用药物时，他会长时间用语言攻击母亲，直到他的状态触到最低点并且不得不重新服用药物。而且，和经常发生在患有双相情感障碍的人身上的情况一样，他的躁狂发作会导致开销过大以及其他一系列后续问题，而解决这些问题需要更多钱。

设定条件的决心

尽管凯瑟琳接受过一连串的治疗师的指导，帮助她停止营救艾伦，但凯瑟琳总是会挺身而出挽救他。"我只是觉得他走到今天这一步都是我的错。显然，我没有给他足够的管理生活方面的教育，否则他不会像现在这样不断遇到麻烦。"（我很少听到父亲以这种方式责备自己。他们可能会这样想，但他们很少会这样说。）

我说："我认为我必须帮助你解决你不理智的内疚感。"同时讲述了一些儿子的明显症状。

"是这样的吗？"她看起来很惊讶，"他说他现在这个样子是我造成的。"

"他要么是真的相信，要么是借此来操纵你，让你去做他想做的事。"

"但是如果真的是我造成他现在这个样子呢？"她含泪笑着说。

"他被诊断出患有双相情感障碍，并且已经接受了治疗。他有精神疾病。你没有让他患上双相情感障碍。"我轻声说。

"他说是我。"

"他似乎在躁狂期说了许多非理性的话。问题是你相信了这些话。这对你或他都不好。这对你不好，因为它会让你觉得自己是一个糟糕的母亲，而事实却并非如此。这对他不好，因为你最终是通过屈从于他的要求来奖励他对你的虐待。就算你曾经是一个糟糕的母亲，继续这样做也对你们两个都不好。"

得知凯瑟琳在一个父亲有虐待倾向的家庭中长大，我并不感到惊讶。她小时候就发誓说，如果自己成为父母，就不会让孩子像自己小时候那样感到恐惧和孤独。她在这个目标上取得了巨大的成功。然而，当她的儿子指责她有虐待行为时，她对此的过度专注让她感到害怕、内疚和困惑。艾伦意识到了她的这种弱点，有意识地或无意识地利用它来获取更多的东西，并且超过了她想要给予的范围。

我们的孩子在这方面很了解我们。他们有洞察力。他们会观察我们对配偶的反应；他们会观察我们对兄弟姐妹和朋友的反应。

"我的建议是，除非他同意在他处于躁狂状态的时候服药，并且以尊敬的态度同你说话，否则你不要给他钱。如果他不能同时满足这两个条件，那么你就不应回复他辱骂性的电子邮件或电话。"

她同意试试，这意味着她不会去照做。尽管如此，我还是帮她写了以下这封寄给他的电子邮件：

亲爱的艾伦：

我爱你。得知你目前的艰难处境，我心里很难过。关于你提出的经济援助的问题，我愿意考虑，但条件是你必须重新开始服用药物。我知道你不认为你正处在躁狂期，但是当你身在其中的时候，你是永远不会知道的。据我正在咨询的专业人士称，这种情况并不少见。不过，这只是第一个条件。第二个条件是，我不愿意再看到你用无礼的方式和我说话或者给我写信。你可以冷静地告诉我，你生我的气，你不尊重我，不喜欢我，不爱我，你不认为我是一个好母亲，诸如此类，但你不能说我是坏人，你不能对我说我应该自杀。这种话太恶毒了，我永远不想再听到这些话。我不会回复任何带有这种话的电子邮件，如果你在我们通电话时也是这样，我会挂断电话。一旦你能重新服药，我会很高兴与你一起进行家庭治疗，以讨论你对我的任何抱怨。

我非常爱你。

妈妈

这其中的一个复杂因素是，在过去10年中，他曾经有几次完全中止了与她的联系。凯瑟琳特别希望避免这种情况。他中断与她联系的能力削弱了她设定适当限制的能力。

"如果他拒绝同意我的条件怎么办？"

"他可能会不同意这些条件。"我说，带着一丝微笑，示意我们对此都心知肚明。

"那我该怎么办？"

"你必须判断这两种选择中哪一个更糟：是继续与他保持这种联系，让你感觉自己一无是处，并且把他不会自理的错归咎于你自己，还是继续你现有的方式，从而获得你应有的沟通方式？我认为没有第三种选择。有些父母觉得即使是谩骂侮辱性的联系也比没有联系好，而另一些父母则不这么想。我的建议是，坚持我给你列出的几条限制条件，但他不是我的孩子,因此如果他不与你联系,我是不必忍受痛苦的。"

当我对一位父母说"他不是我的孩子"时,并不是要解除我的责任:我坚持我认为什么是最佳选择的主张。我只是想向父母承认,在涉及孩子时,想要做正确的事通常非常非常困难。许多不同的治疗师、家庭成员和朋友都会将人朝不同的方向拉——如果不能接受我的建议,我也不想让他们感到愧疚。

凯瑟琳不能遵循我的建议。至少是在很长一段时间内不能。在接下来的6个月里她一直在纠结,大多数情况下是答应艾伦向她要钱的请求。她害怕失去他,再加上她对于他的指控(是她毁了他)缺乏免疫力,这些都促使她把钱给他,即使她知道这样做是错的。当她在接下来的一周很不好意思地向我解释时,她总是能给出貌似合理的解释:"嗯,他的状况不佳,我觉得这样或许可以让他朝着正确的方向走。""他说这是他最后一次要钱了,我相信他。""这次他有非常充分的理由来要钱。"

每次我都问她,她之所以对他让步是不是因为他的行为朝着我们所讨论的更积极的方向改变了。每次她都说没有,他还是和从前一样对她侮辱谩骂。随着时间的推移,她开始渐渐明白,因为害怕自己成为像父亲那样有虐待倾向的人,她已经开始相信自己就是和他一样的人。通过治疗,她终于能够认识到她的担心是没有依据的:她和自己的父亲在养育子女方面显然是不同的两种人。同时,她也学会了忍住自己的担忧——担心设定更多的限制条件可能会导致艾伦疏远她。最后,她终于有能力设定更多的限制条件,因为她慢慢相信了自己对艾伦的愧疚是非理性的。在接下来的一年中,他继续折磨她,但据我最近掌握的消息,他同意继续服用药物,而且情况有所好转。

对于像艾伦这样的孩子,父母的内疚感会使一切雪上加霜。纵容他们对金钱的索求无度会给双方带来这些危害:

• 让父母的给予超出对成年子女有益的程度。

• 让父母觉得,无论对于子女目前糟糕的处境自己应该承担多少责任,都必须为此而永远给予他补偿。

• 让父母觉得,对于子女目前糟糕的处境,只要是子女认为的父母应该为其承担责任的部分,父母就应该永远对此给予补偿。

• 让绝望、自认无能和一无是处的感觉永远与父母相伴。

• 若是父母送给子女的礼物遭到贬低或者只是没能得到足够的感谢,父母会感到更加气愤和被人轻视。

将子女从遗嘱中剔除给双方的关系雪上加霜

对于某些父母来说,尤其是那些受到子女辱骂或者被女婿或儿媳咒骂的父母,或者那些活在年复一年见不到自己儿子、女儿或孙子的悲痛之中的父母——将某个子女从遗嘱中剔除掉,感觉像是自己唯一有权做出的回应。"这个只会给我带来痛苦的孩子为什么能够得到我辛辛苦苦赚来的东西?这种道理在哪个星球上能讲得通?"

我能理解一个善良的人为何做不到将疏远他们的子女留在遗嘱里。如果我的女儿没有与我和好,我也不敢肯定自己是否能做到将她留在遗嘱中。我愿意相信我能。但是我可能会感到太受伤。

但是，父母如果愿意将子女保留在遗嘱中，可以留下在身后的影响。我在办公室里听到许多成年子女都表达过对自己没能在父母生前与他们和好的遗憾。成年子女常常如此，虽然现在还不能与父母和好，但在父母离世之后会改变看法。父母将与自己有隔阂的子女保留在遗嘱中，能让临终之言成为某种爱的表达——对彼此没能再走近一些感到遗憾，而不是愤怒——子女可能会因此看到，自己眼中的父母是错误的、局限的。这也可以让孙辈们能够以一种更积极而不是消极的态度传承祖父母的遗产。

反过来说，将子女从遗产中剔除，或许会让子女觉得自己对父母的最糟糕的感觉是正确的。这并不是说成年子女如此残忍的感觉是有道理的。同样，父母的感觉和看法也并非总是衡量子女表现的最佳标准。

和父母尽其所能抚养子女一样，成年子女也在尽其所能维护着与父母的关系。但是，子女的行为和感受可能受到以下因素的影响：

• 他们患有精神病或精神不稳定，因而不知道该如何亲近父母或者维护与父母的关系。

• 他们因受到父母前任的负面影响而对父母产生敌意。

• 他们受到配偶的控制或支配。

• 他们觉得自己在父母关爱的网中陷得太深，因此除了消极对待或者疏远之外，别无其他获得独立感的办法。

• 他们对于父母在其小时候所做出的选择、决定或行动给自己造成的伤害无法释怀。即使父母认为自己应该得到更多的宽恕，他们也依然如此。即使父母已经付出很大的努力试图弥补，或者认为他们的想法是错误的，情况也依然如此。

- 他们的治疗师让其相信父母对自己有过虐待的行为，尽管父母知道自己并没有。

- 他们和父母之间的价值观太不一致，以至于除了不再联系之外，他们找不到让自己快乐的其它途径。

如果父母已经采取了以下措施仍未达成和解，那么就有可能考虑将子女从遗嘱中剔除：

- 用了数年的时间与子女联系并努力寻求和解。

- 明确地告诉过子女，为了改善关系对他们有哪些期望。

- 对孩子提出的任何怨言都能表示理解。

- 接受了成年子女关于界限、可陪伴时间等的要求。

- 已经道歉，弥补过错。

我曾建议父母，如果已经完成了上面列出的所有项目，但是依然感到特别伤心、气愤或者被出卖，因而无法做到将子女留在自己的遗嘱里，那么可以考虑写一封这样的信：

亲爱的，

多年来我一直试图与你联系，然而很明显，你不想恢复与我的关系。希望你能知道，对于我曾经对你的伤害，对你的辜负，或者让你感到失望，我深感抱歉。我将带着这些痛苦和遗憾走进坟墓。我想你有充分的理由不想与我保持关系。

你知道，我已日益年迈，并且正在为我的房产做打算。我不得不承认，在我感到你是如此绝情之时还将遗产留给你，这对我来说很难做到。我知道你有与我断绝来往的理由，但是在我感觉你始终不愿意或者不能够为我们的关系作出努力的情况下将遗产留给你，我感觉心里不舒服。我不奢求你我之间的关系会很美好，但是我还是愿意与你保持某种程度的关系。如果你愿意接受家庭心理治疗，以便我们能获得中立的第三方的帮助，我想我对所有这一切就会有不一样的感觉。希望你也能谈谈你的想法。

爱你的爸爸妈妈

当然，这样的来信会引发子女的强烈不满，子女会觉得父母是在通过敲诈的手段要求与他们保持关系，并进行谴责。对此，父母可以这样回复："我能理解你为什么有这样的感受。我在努力寻找挽救我们之间关系的办法。我承认我可能存在一些很大的盲点，阻碍了我充分理解为什么我们之间无法建立任何一种关系。因此，我的目标不是要让你相信我是一个伟大的人或者一个伟大的父母，而是想要在我离开这个世界之前，为解决我们的关系问题提供一个讨论的场所，并且让你有机会了解是否存在一个比我们目前的办法更好的化解矛盾的解决方案。"

如果父母不愿意写这样的一封信来低头，最终的手段便是在遗嘱中写下这样的内容：

我非常遗憾地声明，我不打算把遗产留给你。我用我一生中的大部分时间试图与你联系,希望弥补我在你幼时或者成年后给你造成的痛苦。但是我不曾感到你愿意或能够回应我。无论我作为父母的能力多么有限,并且是在很多方面,我都不认为我应该过一种没有你和我的孙子的生活。我不是希望让你受折磨,我也不是希望以恶报恶。但是,把本该是在你允许我同你保持关系的情况下我才愿意给你的那么多东西留给你,我觉得是错误的决定。

爱你的爸爸妈妈

我承认,我不太喜欢这封信。不管它如何遮掩,听起来都像是在惩罚。我不认为惩罚的态度是一种很好的临别赠言。但是,当父母感到实在难以将子女留在自己的继承关系中,那么这封信可能是唯一的方法。

父母给子女的遗产分配不均

事实上,父母和成年子女的自由意志都没有我们想象的那么多。我们所有人都处在各种各样汇聚在一起并且在很大程度上超出我们意识范围的力量的持续引导之下。这些力量包括遗传因素、同辈群体、好运气、坏运气、同我们结婚或离婚的人、我们的父母给我们带来的责任和挑战、兄弟姐妹、子女以及我们所处的时代。因此,成年子女和父母都不应该认为彼此本来有能力做出更好的决定,而只是选择不去这样做。我们可以为他们不能做到更亲切、更宽容、更接纳、更感激以及少些苛刻和冷漠而感到气愤,但是这与认为他们有能力变成另外一个人并不是一回事。

如果每个兄弟姐妹得到的遗产分配不均，他们之间会出现终生无法解决的问题。如果一个愤怒的有心理健康问题的成年子女决定在法庭上找兄弟姐妹的麻烦，那么他或她会轻而易举地让他们花费数千美元的法庭费用。除此之外，随之而来的竞争或怨恨会减少（或切断）疏远的子女愿意或者能够与兄弟姐妹和好的机会。

父母们经常会问我，可是如果让那个已经与他们的生活没有关系的人也得到同等数量的财产，尤其是在其他兄弟姐妹的奉献更多的情况下，那么这是不是不公平？比如说，有些子女可能会帮助父母去看医生、修理房屋，或者只是始终如一地亲切对待他们，因此他们对父母就显得更有帮助。他们为什么就不能比疏远的子女得到的更多呢？我能理解，而且我也相信有很多方法可以用来奖励在父母在世时更多关照过他们的子女——一些不像遗产这样的不可改变的方式。这些方法可以包括不一定属于其财产范围的礼物或贷款。

父母不想让儿媳获利

本杰明和巴布很担心与他们的儿子订婚的那个人。落座之后，巴布直截了当地说："我们不喜欢和我们的儿子同居的那个他想要娶回家的粗鲁无礼的女人。我已经让他知道我不喜欢她。我认为她的举止很恶劣，我不认为她会是一个非常好的母亲。"

"哦，"我想，"我敢说他俩能成。"

"他显然是把我的话告诉了她。从那以后，我们再也没有看到过他，也没有他的任何消息。我们想要毫不含糊地让他知道，如果他与她在一起或者与她结婚，我们就不会留给他任何遗产。"

我点了点头。在父母讨厌女婿或者儿媳的案例中，这种威胁方式并不少见。

"我们也不希望等我们老了之后受她支配。如果让她随心所欲，她会是那种让我们在养老院里腐烂掉的人。"然后，巴布问了一个促使她来到我的办公室的问题："那么，我们如何让他明白，他要娶的是一个有可能会毁掉他的生活的人？"

我说："是的，这是个棘手的问题。你认为他即将做出的决定不仅会毁了他的生活，而且还会损害他与你们的关系。"

"这就是我们所担心的。"本杰明说。

"我明白了。问题在于，告诉他你们将要把他从遗嘱中剔除并不会刺激他把她想得更坏，而只会让他把你们想得更坏。我能理解你们为什么会感到担心；如果是我，我也可能会担心。但是她是否适合他这件事应该由他自己去发现。你对她越是采取敌对的态度，他就会越感觉有义务拥抱她，以证明他的独立性。如果她确实有问题，那么她最想要的就是找到疏远你们的借口。"

"我们并不是想控制他。他是个成年人，他可以做任何他想做的事。我们只是不想让她毁了他的生活——因为结果必然会是这样的。"

"你可能是对的。"

"我们当然是对的。"巴布用玩笑的口气说。

"好吧，"我效仿她换上一种轻松的语气，"你们当然是对的。绝对正确！问题是你们是否有办法让这辆火车慢下来。这个人很可能是你的孙子的母亲。如果她真的有问题，那么当事情变得难办时，他会需要你们作为他的支持者。"

心理学家迈克·里埃拉建议，孩子成年之后，父母应该从管理者的角色转变为顾问的角色。 我认为同样的建议也适用于教育成年子女。父母预防后代做出可怕选择的能力不会比自己的父母更强。但是，父母的职责是不去提出警告甚至建议，除非成年子女明确表示这些是他或她想要的。即使在认为他们需要建议的情况下——甚至是在他们对自己生活的耐性力很强的情况下，也是如此。

基于上述框架，我为巴布和本杰明提供了如下建议："如果是我，我会撤回你们刚才提到的'如果他娶她，你们就会将他从遗嘱中剔除'的说法。我还会尝试通过与她联系来开辟一条新的交流渠道。即使你们不喜欢她，但是看到你们尽管有所保留却依然在尽力，他也会尊重你们。"

本杰明和巴布在回应中提出了同样的想法："但我们不希望她在我们去世之后得到我们一分钱。"

这是一个普遍关注的问题。心理学家可以在情感方面提供帮助，而法律方面的问题则应交由律师来解决。根据旧金山的一位房地产律师彼得·迈尔斯的说法，在撰写遗嘱时，可以在其中明确规定遗产应完全由成年子女管理。此外，可以规定，如果子女离婚，财产将跟随他或她一同脱离该婚姻。

迈尔斯指出，如果没有参与家族企业的子女对参与家族企业并因此继承了更多遗产的子女感到不满，那么此时还会发生其他一些常见的冲突。他还看到，当父母失去能力而兄弟姐妹中的某一位或者新的配偶试图利用父母的体弱多病为自己谋利时，也会发生冲突。而当兄弟姐妹中的某一位存在心理问题，并且这种心理问题会促使他（她）有可能滥用或误用资金时，就会发生另一个典型的问题。迈尔斯建议，"在所有这些情况下，感觉是重要的，但并不是决定因素。父母必须小心谨慎，同时寻求法律咨询，因为那些最有影响力的人能够操纵局势，使其按照他们想要的方向发展。而这个方向有可能会与父母的意愿大相径庭。"

"在这种情况下，父母通常会考虑雇用第三方受托人（私人专业受托人，某些州的持照人，或者是银行或信托公司），同时制作一份针对子女的资金分配或使用准则。例如，学费、医疗费用（或健康保险）、治疗费用、心理治疗费用、大学或其他学校的食宿以及职业学位课程，这些通常都是规定的分配金。因为没有任何父母与子女的关系是相同的，所以你应该由有资格的专业人员（通常是信托和财产方面的律师）来为你量身定制遗嘱的准则和说明。"

又经过了几次会谈后，我建议本杰明和巴布去咨询律师。这样，如果儿子娶了他的未婚妻，他们就可以放心地知道自己有哪些可选方案。

为什么父母感受不到子女的在乎

"为什么我的孩子只有在想要东西的时候才打电话给我？"这个问题是我经常会从成年子女的父母那里听到的，并且其中还夹带着许多其他问题：

- 我的孩子真的很在乎我吗？
- 他们只是为了得到钱而利用我吗？
- 如果我给他们，我是否在奖励所有这些操纵、伤害或辱骂我的行为？
- 如果我不给他们，他们会比以前更疏远我吗？
- 如果我真的给了他们，我是否在加重他们在成长方面的无能或失败？

这些问题还连带着有关如何应对的问题：

- 我是否应该告诉他们我感到被利用？
- 我是否应该利用他们索要金钱的契机谈谈我们的关系？
- 我是否应该利用金钱来换取更多的在一起的时间，还是应该回绝他的请求，作为设定限制条件的方式？

现在，让我们回到最初的问题上：为什么孩子只有在需要的时候才打电话给父母？我们可以从多个方面来审视这个问题。首先，表象并不一定总是真实的。不能因为父母感觉孩子只是在有需求的时候才打电话，便认为真实的情况就是如此。在我观察的情况中，许多成年子女已经尽自己所能与父母保持联系——他们繁忙的社会与家庭生活不允许他们抽出那么多的时间——但父母仍感到被轻视，认为子女除了单方面索取之外没有试图维系彼此之间的其他联系。并且，如果父母的收入与成年子女的收入之间存在巨大的差距——而且这种情况并不少见——那么他们希望从父母的丰厚礼物中受惠，这种想法并不是不切实际或者荒唐的。不过，子女的这种要求可能会让父母感到自己被人利用，或者没有得到应有的感激，尤其是当他们没有表现出感激之情或者似乎不愿陪伴父母的时候。成年子女的愿望或要求或许反映了一个现实，那就是父母所拥有的比他们多，而作为子女，他们希望父母能够分享。

此外，在过去的三四十年中做父母的人很有可能在某种程度上助长了成年子女索取的权利。父母对成年子女感到最为恼火的事情莫过于他们感觉自己应该坚定、自私、苛刻地向父母索要自己想要的东西——而进入社会的他们也同样想要从他人那里得到更多的东西。然而事实上，对于大多数父母，尤其是中产阶级和上层阶级的父母来说，教育子女按照自己的意愿去做事是他们教学育儿法中的一部分。可以说，正是这种提倡自我意识的教育引导他们成为了现在的自己。

在金钱的价值方面也存在着代际之间的文化冲突。与今天的成年子女相比，现在的许多父母小时候都相对贫穷，或者更注重存钱。而问题的难点就在这里，同时这也是本话题的关键部分：围绕金钱和资源进行的交流通常需要谈及自己的目标、意愿以及（在适当的时候）感觉。

那么，什么时候子女的索取是可以接受的，什么时候不应去索取，或者父母应该予以拒绝呢？成年子女与父母都感到非常困惑，不知道什么时候求助会超过应有的界限。

下面给出一些判断的准则：

- 如果父母负担不起，就不应索取。"负担不起"并不意味着父母的支票或储蓄中没有那么多钱。"负担不起"意味着这种支出会动用储蓄里用于生活中其他重要事情（如旅行或有意义的业余爱好）的资金。

- 如果子女提出的要求太过分或者自以为理所应当，父母应当拒绝。这并不意味着父母最终也拒绝子女的请求，而是要利用这个过程对子女进行一番教育。例如，如果成年子女粗鲁地要求父母，给他钱来支付他们的汽车、孩子、房屋等的费用，却不带任何感情或者谦逊的态度，那么父母就应该说："嗯，我不得不说，如果你用这种方式向我要钱，我真的不想给。真遗憾，因为我原本是想给你的。但是我想听到的是请求，而不是要求。我不喜欢被要求。我相信你会理解的。要再试次吗？"

- 如果父母同意子女的要求会感到气恼，就应该选择拒绝。即使有能力支付也是如此。如果父母尝试给子女的请求设定限制条件，或者试图给这一请求附带上子女亲自到访的要求，但是没有成功，那就应该说"不"，原因很简单，因为是真的不想给。

父母会因愧疚而答应子女的请求

父母很难拒绝孩子的请求。对孩子愿意付出，并且希望得到他们的欢心，这些愿望会把父母弄得糊里糊涂，致使人们在不想答应的时候答应，或者在拒绝的时候内心充满愧疚。然而，如果父母接受子女的请求时伴随着内疚感、怨言或者责备，那么礼物的效力就被弱化了。

此外，如果父母是出于内疚才接受子女的请求，那么在将来说"不"的时候就会陷入一个更不利的处境。父母可能希望让子女看到自己是一个理性的、乐于付出的人，这样成年子女就不会有那么多理由抱怨或指责自己的吝啬或是拒绝。然而，这并不意味着有些子女不会这么做；并且，在子女心中塑造一个无私的父母的形象，当父母再也无力满足子女的要求时，拒绝会变得更为困难——子女难以接受一向有求必应的父母突然转变的形象，而父母则会因为积累的愧疚难以将拒绝宣之于口。

★ ★ ★

做一名被疏远的同时还要为一个不会带来任何回报的人提供经济支持的父母是很不容易的，尤其是在父母眼里，与自己断绝联系的子女是那么伤人、无礼和冷漠。金钱是连结父母与子女必不可缺的纽带，也是给亲子关系刻下伤痕的利刃；它可以是帮助父母赢回子女的心的武器，也可以变成将子女推远的刀锋。如何在合理的范围内向家人请求经济方面的支援，如何正确利用金钱的力量维护双方的关系，对于父母与成年子女来说，都是一门困难重重的必修课。

第9章

被抛弃的祖父母和被当枪使的孙子女

苏珊娜不知道该如何给她的母亲乔安娜设定一些限制条件。她的母亲最近让她很伤脑筋，因为她一直在求她帮忙让她和苏珊娜的哥哥罗纳德重归于好。说得具体一点，是帮她恢复和罗纳德的孩子们的联系。她已经有3年没有见过他们了。苏珊娜不太愿意介入此事，因为她担心这会影响她与哥哥的关系，并且已经向他透露了这件事。不过，她也为妈妈感到难过。她知道她的母亲正生活在失去儿子和孙子的痛苦中。

如今的美国，有成千上万的祖父母被中断了与孙子女们的联系。尽管这种情况有时是由于祖父母照看孙子女时的错误行为引起的，但是根据我的临床经验，更为常见的原因是父母与成年子女或成年子女的配偶之间的冲突引起的。被疏远的祖父母所承受的是双重的压力：一方面失去了与子女的关系，而另一方面失去了与孙子女的来往。在本章中，我们将研究几个发生这种情况的家庭，并就如何实现和解提出建议。

想要见到孙子的祖父母

在与乔安娜的初次会诊时，我得知她一生都在与焦虑抗争。她的童年是在俄克拉荷马州克雷布斯度过的，家里有酗酒的父母和5个兄弟姐妹。她的父母拥有一个小农场，而在1936年的"沙尘暴"期间，他们的客厅开始落满厚厚的沙尘，于是他们不得不离开农场。她的父亲没能像她的叔叔那样在美国工程进展管理局找到工作，所以他们和其他数千人一起收拾行装，驾车向西挺进。他们在加利福尼亚的霍尔特维尔落脚，在那里他们每天拔胡萝卜，每天能赚不到一美元。最后，他们到达了奥克兰。她的父亲在船厂找到了一份管道安装工的工作，从此他们就在那里定居了下来。

乔安娜有一双宛如多萝西娅·兰格照片中的那种"我什么都见过"式的恍惚的珊瑚蓝的眼睛。她感觉到我是唯一有可能帮助她再次见到疏远她的孩子的人，所以听到我告诉她，如果她想再次见到孙子，她就必须尝试一些针对她儿子的新策略时，她并没有畏缩。另外，我建议她不要让苏珊娜替她说话，因为那几乎是行不通的。

"我会按照你说的去做，但儿子就算了，我想见的是孙子。"

"子女或者孙子女，"我说，"我不认为有人会让你把他们分开做交易，对吗？"

"说得对，他们肯定不愿意。"

我笑了，"除非你与他们的父母和好，否则我认为你不会见到孙子的。"

"有必要吗？甚至包括我的儿媳？"

"尤其是你的儿媳。"

"哦，天哪。"她说，眼睛朝窗外望去。

我问她是什么时候注意到她与儿子之间关系出现问题的最初迹象的。她马上接过话来，仿佛一直在等待着回答的机会：

"很多问题都是从他们的婚礼开始的。她的家里有钱，很多钱。她是那种特别爱对别人指手画脚的人。她和她的娇气的母亲。他们想要那种戴安娜王妃式、芭比娃娃般、《与卡戴珊一家同行》式的婚礼。婚礼上花的钱比我们在罗克里奇的房子还要贵，而她妈妈要我对半承担。我就跟她说：'海伦，如果你想花十万美元给他们办婚礼，请自便。我不会阻止你，但我是肯定拿不出那么多钱。''但是这是他们想要的。'她说，好像这就是要那么做的原因。好吧，我想要一架喷气式飞机，但这并不意味着我会弄一架出来。仅此而已。我提出支付彩排晚宴的费用（还是比我自己的婚礼贵）、蜜月旅行和第一辆汽车的费用，这些全都合在一起。他们说，没什么，无所谓。

"从那时起我便注意到我的儿媳——哦，她那时还不是我的儿媳——从那时起我就注意到她开始对我变得冷淡。然后，过了一阵子，事情似乎有了转机，于是我以为之前的一切全都过去了。我曾经一周两到三天照看我的两个孙子，有时候他们周末出去约会的时候，我会周末过去。"她把手机递给我，让我看屏幕上两个开心笑着的男孩。

"两个很可爱的孩子。"我说。

"哦,天哪,是的。而且特别讨人喜欢。他们总是喊'呐呐这','呐呐那'。他们管我叫'呐呐'。'呐呐,我们什么时候能再见到你?'"她顿了顿。眼圈红了,但她没有哭。"我是说,他们会怎么跟孩子们说究竟发生了什么?三四岁的小孩怎么能理解为什么那个曾经每周都会出现在他们生活里的奶奶突然就从地球上消失了?难道他们告诉他们我死了?说我不爱他们了?我真是一点都不明白。"

对于大多数被疏远的祖父母来说,无从知晓他们与子女之间的疏远给孙子女造成怎样的影响,这让他们感到无比焦虑。他们还担心父母会告诉孙子女,是他们的祖父母不想见他们,或者在一些其他方面对他们有害。

家庭冲突的背后是文化冲突

我问乔安娜对于造成疏远的原因她是否还有其他想法。我喜欢她尖锐的、开门见山的方式,但是我也能够看出,对于一个对孩子或家庭有自己想法的儿媳来说,这种方式可能不太适用。我也知道,**无论我们多么努力地想要站在客观的视角上看待生活,每个人都还是会有自己的盲点**。所以,我假定她也一样。

"哦,我不知道。"她说,表情有些沮丧,"永远都是界限,界限。"她强调着这个词,就好像它来自一种她搞不懂的语言。"我儿子说,'我们不希望你允许他们看电视,以及所有那些你和他们在一起时教给他们的那些垃圾。''天哪,'我对他说,'我是他们的奶奶——这是我们该做的事!我就应该宠他们。再说了,我就是用这些垃圾的东西把你养大的,而你好像也没长成一个废物。''可是,我们可不想以这种方式抚养他们。'他说。"

"当然,之后我无意中犯了个大错。我把这一切归咎于了他的妻子。因为那就是这一切的根源。我还能怎么办,说谎?"

"大概是这一类的东西。"我心里想。有太多的关系——尤其是与家人的关系——之所以结束,都是因为一个误导性的观念:认为我们应该毫无保留地表达出自己的想法或感受。然而,最好还是应该讲策略、有节制,而不是脱口而出、直言不讳。尤其是在父母与成年子女之间这种往往很脆弱的关系上,尤其是在涉及儿媳或者女婿时。

她接着说:"我对他说,'这不像是你在说话,我认为你需要约束一下你的那位妻子。她在改变你。'"她抬头看着我,苦笑着说:"也许这句话也不该说。"

我以同样的笑回应她,"也许不该。"

"我根本不是那种人。这正是这个时代的问题。一切都必须压缩打包,然后再系上一个漂亮的蝴蝶结。他在那个女人身边紧张得要命。观察她的一举一动,确保她对他所做的一切都很满意。他说:'妈妈,洛琳和我想法一致。别怪洛琳!不要在我面前说她的任何坏话。她是一个伟大的母亲。'我知道这是对我的猛烈抨击,他的意思是说她是一个伟大的母亲而我却不是。"

她提高了嗓门："如果夫妻俩不想见我，可以——不见我好了！但是却对我说，我不能再去见我自己的孙子了，因为我给他们吃的是含糖的早餐玉米片，而不是农场饲养的、经过纳帕河谷认证的格兰诺拉麦片，装在可回收的有机盒子里，盒盖子上面有阳光和彩虹的图片。这都是些什么玩意儿？"

我经常会听到被疏远的祖父母的这类抱怨。"还有在他们决定将我变成不受欢迎的人之前他的妻子和我说话的方式？她当着我的面骂我是坏人。凭什么？如果我敢这样跟我婆婆说话，我会被打得满地找牙。我丈夫的母亲才42公斤，但是如果她对你发火的时候，你甚至在走进厨房之前就能知道，然后你就得躲远点儿，直到危险过去。但是，如果我对我儿子的老婆制定的某个新规定略微反抗，她绝对会猛烈回击。'哦，不要对孩子那样说话。我们不喜欢"不要"这个词，我们希望让他们能够选择。这有助于增强他们的自尊心，让他们感到对自己的生活有种掌控能力。'可是，如果你还是个蹒跚学步的小孩子，你应该感受到多少掌控力，这让我始终百思不得其解。"她用一种唱歌似的声音模仿她的儿媳："'你可以做这个，你也可以做那个。你可以吃燕麦，你也可以吃鸡蛋。你可以穿牛仔裤，你也可以穿灯芯绒。你可以在后院玩儿，你也可以在你房间的楼上玩儿。'我为那两个孩子担心，我真的很担心。如果他们是我的父母，我一有机会就会离家出走，我真的会。"

我在工作中遇到的其他家庭的情况让我对这一系列的事件非常熟悉。

让婚姻中或者长期约定的关系中的两个家庭融合在一起，就如同让两种不同的文化融合在一起，即使他们来自同一种族和社会阶层。这可能就是包办的婚姻往往不易离婚或不幸福的原因。这种婚姻是通过大家庭关系中的众多纽带联系在一起的，而不是通过浪漫爱情这一单一的纽带。然而在当代婚姻中不存在这样的保证。如果有父母表示对子女的配偶或家人不满或不赞成，那么这位父母或将永远要为自己未经同意提出的这类建议付出代价，特别是当成年子女将其意见转述给他或她的配偶时，而令人困惑不解的是，这种传话的情况经常发生。

婆媳关系恶化的本质

乔安娜陷入了一个许多女儿、母亲、岳母和祖母都会面临的困境。研究表明，当夫妻结婚并成为父母后，男人和女人对于家庭的不同看法会影响同盟关系的建立，导致一些关系变得更有可能，而另一些出现问题。**一般而言，妻子对于什么是合理或健康的家庭关系有更清晰的认识，而这种清晰的认识往往会促使丈夫遵从她们的意愿**。与20世纪50年代情景喜剧的话题相反，在大多数家庭中，谈到有关家庭关系的决定时，人们相信"妈妈最懂"。

妻子也更有可能将丈夫引入她自己的家庭，而不是加入丈夫的家庭。男人对母亲的亲近感往往不如妻子对母亲的亲近感，因此，他们通常会顺从妻子的偏好，包括允许公婆来访的频率和时间，公婆是否可以照看孩子，是否可以和他们一同度假，以及其他日常家庭决策。

儿媳的家人会被放在首要位置，而这对于感觉自己只能作为次要人物接近儿子和孙子的父母或祖父母而言是一个持续存在的问题。更糟糕的是，由这种在社会等级中不断被贬低的新位置所引发的一系列易触发情绪，导致许多父母有时会以一种并不让人满意的方式对儿子、儿媳以及儿媳的家庭发泄感伤和愤怒。小的冲突会演变成一场家庭大战，并且波及到祖父母、姑姑、叔叔和兄弟姐妹等其他家庭成员。

而且，家庭斗争并不总是完全按照血统关系进行的。成员之间的冲突会催生出新的小环境，让新的联盟得以在其中成长壮大，继而在其曾经不显露或者受制约的环境中占据主导地位。儿媳可以建立自己的联盟，以取缔或限制强权婆婆的支配能力；祖父可以联合孙子对抗自己的儿子，以表达其积压已久的被冷落或者遭反对的情绪；身陷同胞竞争和怨恨之中的某一个成年兄弟姐妹可以和侄子或侄女结为盟友对抗他或她的兄弟或姐妹；前夫可以支持女儿疏远她的母亲。尽管情况多种多样，但是全部都可以归结为那句经常被重复的话："现在你知道我以前如何受不了你了吧。"

如果乔安娜祈祷能够重新见到孙子，我知道她应该做出哪些自我改变。但是我不知道她是否愿意做出这些改变：这意味着她要承认儿媳作为新统领的地位，为自己在儿子生活中降低的地位终日忧伤，并且承认自己曾经无视他们设定的限制条件。此外，她还必须收起自己以往的对抗态度。正如中国古代圣贤孙子所说："知可战与不可战者胜。途有所不由，军有所不击，城有所不攻。"乔安娜必须明白，攻击儿媳和儿子的做法只能让她更难进入孙子们的生活。

而且在这种情况下,战斗往往不仅发生在婆婆和儿媳之间。她的儿子也在利用加强妻子地位的机会来对母亲提出控诉——而如果没有她的支持,他或许没有力量甚至意愿去这样做。反抗母亲不仅会让妻子感到高兴,而且还会减少儿子对母亲在心理上的依赖。这也从另一个侧面解释了为什么乔安娜在沟通过程中采取好斗的姿态对她是不利的。在她的儿媳看来,乔安娜的好斗姿态是在向她示意,她是在占有自己的丈夫,并且不愿接受儿媳在家庭中的权威地位。对她的儿子而言,这意味着(无论对错)他的母亲无法容许他独立于她或者感觉上独立于她。

虽然婆媳之间的冲突并不是什么新鲜事,但是母亲在今天这个时代所承受的巨大压力加剧了这种冲突,而且这种压力也可能增加年轻母亲对他人,尤其是婆婆的介入所产生的焦虑感。牛津大学的社会学家奥里尔·沙利文指出,**如今的在职母亲与孩子在一起的时间比20世纪60年代所谓的太平盛世时期的全职母亲还要多。她们通过放弃睡眠、休闲和与伴侣在一起的时间创造出了额外的陪伴孩子的时间。**

我知道乔安娜可能一直在过度责怪她的儿媳,因为认为疏远的始作俑者是她的儿媳而不是她的儿子,这种想法会减少她心里的痛苦。但是我也知道她的想法可能是对的,即她的儿子是为了减少婚姻中的麻烦才顺服他的妻子的。许多儿子都会对他们原本可能不会选择的疏远随声附和。

我帮助乔安娜给儿子和儿媳写了一封道歉信。我告诉她,信的目的是为了表明你愿意接受他们制定的交往规则——你认识到自己曾经逾越了他们划定的界限，并且决心以后努力改正。儿媳或者女婿通常是孙子女的看门人。没有他或她的首肯，一切都是徒劳。如果父母不做出这种努力，那么目的明确的女婿或者儿媳就会始终不开大门。"看，他们甚至都没有向我道歉，"他或她可能会说，"他们一点儿没变。他们只是想一直随心所欲下去，而无视我的感受。"即便是疏远父母的子女的配偶对和解不感兴趣（或非常希望这种疏远能长期持续下去），一封道歉信也可能会让成年的儿子或女儿说："我想我的父母在努力。这封信似乎是真诚的。让我们给他们一个机会。"

代际之间截然不同的教育观念

乔安娜被迫与孙子疏远的经历与另一对被疏远的夫妇——于燕和张炜——所遇到的情况截然不同。于燕和张炜是两位中国移民，来自中国西部最大的城市之一重庆。于燕是毕业于北京某大学的遗传学家，张炜是毕业于北京另一所大学的微生物学家。他们有一个独生女儿王秀英，大家都叫她詹妮弗。

和许多第一代亚裔父母一样，于燕和张炜不惜代价为詹妮弗的教育和成长投资。詹妮弗在弹钢琴方面很有天赋。有人鼓励她报考茱莉亚音乐学院，但是她最终效仿她的父母，选择了科学专业。詹妮弗进入哈佛大学攻读本科，然后又从约翰·霍普金斯大学获得了医学博士学位。在生孩子之前，她在父母眼里是一个孝顺、有礼貌的女儿，很少给他们惹麻烦。

詹妮弗生完第一个孩子后患上了产后抑郁症。她在约翰·霍普金斯大学的一位导师为她推介了一位精神科医生。在她与医生的会谈过程中，这位医生鼓励她谈一谈她的父母有可能在哪些方面促成了她对抑郁症的易感性。儿子两岁时，她对父母说，她需要暂时中止与他们的联系，而且她也不知道什么时候会重新联系他们。而就在此之前，她的父母几乎每天都与外孙接触。突然之间，詹妮弗对他们说，在他们之间的关系问题没有得到解决之前，他们不能再去看他了。

在詹妮弗的父母儿时所生活的时代和文化中，子女疏远父母是极其少见的现象，而让孙辈疏远祖父母几乎是闻所未闻的。疏远的发端似乎可以追溯到她的治疗师与她的治疗开始，詹妮弗的精神科医生鼓励她去感知对父母的愤怒，并且指出她的抑郁症与父母的严格要求和对成功的高度期望有关。经过一年的治疗，詹妮弗终于向他们摊牌。她对父母说，他们一直以来对她控制得太严，管得太多；并且她希望他们承认自己应当对她的焦虑和抑郁症负有更多责任。她的父母感到震惊、恐惧和愤怒。他们的反应导致了冲突的迅速升级，最终导致关系的彻底中断。

"我们无法理解她的这些想法。"于燕说，同时为她几乎觉察不到的口音表示歉意。"在我们国家，父母为孩子的成功不辞辛劳，他们认为孩子将来也会同样关心父母的健康和幸福。我们从一开始就知道她会接受美国的价值观，因为这是她出生和成长的地方。但是我们也认为，生长在一个中国的家庭，她也会保留一些我们文化中的重要价值观。我们不明白自己犯了什么不可饶恕的错误,以至于她会这样对待我们。是的,我们很严格,因为如果父母只是说'哦,你想做什么就去做什么吧。你想学弹钢琴,但是你更想出去玩?没问题,你出去玩吧。哦,你想成为一名医生,上一所好大学,但是你不想学习?哦,没问题,你不必学习。你自己做决定',那孩子是不可能学会如何成为音乐家或科学家的。绝对不可能。"

于燕的想法与蔡美儿颇有争议的书《虎妈战歌》中表达的想法如出一辙。蔡美儿写道:"中国的一些父母认为,一件事只有当你做精的时候,你才能感受到其中的乐趣。而要想精通任何一件事,你都必须付出努力,可是小孩子自己肯定不愿意努力,因此不要去理会他们的喜好,这一点尤为关键。这就要求父母必须意志坚定,因为孩子们会反抗。万事开头难,而西方父母往往会因此而放弃。"

詹妮弗的经历在某种程度上也反映了其他第二代和第三代亚裔美国人的经历。律师瑞恩·帕克在其《最后的虎妈虎爸》一文中谈到了他父母的行为如何让他获得了成功,但同时也让他看到一种他想要避免效仿的育儿方式。"有一件事我非常确定:我为我的两个小女儿规划的童年会与我的完全不同。她们会感到父母的重视和支持。他们会把家当成一个快乐有趣的地方。她们将永远不会怀疑父亲的爱是否是以完美的成绩单为条件的。"

可以理解,如今的成年子女希望以更符合自己价值观的方式抚养自己的孩子,同时避免他们所认为的父母在自己身上犯下的错误。问题是在与父母的对话中如何处理这些差异。

作家郭怡慧提出了一个在承认父母的奉献精神的同时解决成年后的子女因此而感到受侵扰受伤害的问题。"虎妈已经成为用来描述纪律严苛的父母的代名词。这个词在我这里彻底失灵。"她在其《与帕特里克一起读书：一位老师、一名学生和一段改变人生的友谊》一书中写道，"这是将一个人的弱点错当力量的说法。我的母亲在学习方面很专制，因为她不知道除此之外还能做些什么。学习不是她挑选的教育法，而是唯一的选项。"郭怡慧在其刊登于《纽约时报》上的文章《如何违抗虎爸虎妈的14个简单步骤》中给出了如何成功化解存在于自身愿望与移民父母的想法之间的矛盾的方法。同情，而不是轻视或不加掩饰地动用心理分析，是她建议遵循的核心思想。"从理论上讲，父母是最了解你的人。而在现实中，他们通常对于自己给你造成的伤害一无所知。他们反而觉得，是你伤害了他们。这是一种痛苦的僵局，因为在一场双方都感觉被人背叛的战斗中，最终赢得的只能是皮洛士式的胜利。"

当然，需要克服本土文化与美国式西方个人主义文化之间的紧张关系的不仅仅是亚裔美国人的家庭。有时候，代际差异也会造成理解的鸿沟，而且其严重程度不亚于文化差异。那些对子女的抚育方式远比自己曾经所得到的更细腻、更投入、更昂贵的父母在听到成年子女抱怨自己的抚养方式时会感到震惊，感到自己被人背叛。"还能有什么是你未曾得到的呢"是父母们反复说的一句话，"我把一切都给了你。而如今你想带走我的孙子孙女？"

祖父母能给孩子带来什么

历史学家保拉·法斯在其《美国童年的终结：从野外生活到被精心照看的孩子的育儿史》一书中写道："在西方世界里，长者为王的年代持续了数百年之久。长者被认为是拥有知识、智慧和权力的人。他们的健康和需求被认为是首要的，他们的规定无可争议。"祖父母曾经在家庭系统中享有权威的地位，然而，如今他们存在的意义只在于能够让成年子女或其配偶开心。此外，不同代际的人对尊重长者的不同看法会导致错误的行为方式，因此而造成的误会和误解也就不足为奇。

这是一件令人感到悲哀的事，因为研究表明，祖父母与孙子女之间的关系不仅有利于祖父母的身心健康，而且也有利于儿童的成长：祖父母可以让孙子女体会到重要的依恋和归属感，这会让他们感到更安全，感受到更多的爱。祖父母也可以纠正父母错误的甚至是容易造成心理创伤的行为。例如，如果孙子女的父母性格苛刻，很难相处，或者只是压力过大而无法带给孙子女积极的教育，那么祖父母就可以让他们获得属于他们自己的不同经历。在一个不存在疏远情况的环境中，祖父母可以留意家庭中存在问题的或者不正常的家庭行为，并在可能的情况下为了孙子女的利益实施干预。

祖父母还可以是一个记载着家庭成员特性、历史和故事的丰富宝藏。因为他们更希望家族血统能够延续下去，所以他们的记忆里保存着先辈的移民故事、家庭食谱、服装或文化。祖父母还能够为孩子树立起一个不同的行为榜样。他们可能具有与孙子女的父母不同的、更吸引孩子的艺术或智识兴趣。简而言之，祖父母能够建立起一个安全、有保障和具备家族特征的基础，而将这一切移除掉可能会让孙子女感受到深深的伤害和迷茫。

乔安娜、于燕和张炜与我帮助过的许多其他被疏远的祖父母一样：孤苦、困惑、得不到家的温暖。他们追问着这个世界，这个让他们找不到自己位置的世界。和许多人一样，他们想知道，自己该怎么做才能让孙子女回来，他们该怎么做才能减轻痛苦。

疏远也许是人们对衰老的鄙弃

美国文化对衰老的鄙弃体现在当冲突发生时对祖父母这一角色的轻视。当祖父母不能满足维持父母与成年子女关系所需的标准时，他们将被视为另一个需要清除的关系。子女或其配偶与父母之间的冲突最终导致祖父母被抛弃，这在来我这里咨询的家庭中屡见不鲜。即使成年子女承认祖父母是深受孙子女喜爱的人，情况也依然如此。

让我深感奇怪的是，已经重新定义了什么是虐待式育儿行为的一代人，何以在将祖父母赶出孩子的生活这件事上如此随意。在近乎痴迷地信奉有关自己与子女之间依恋之情的理论的一代人中，有如此多的人似乎对其子女与祖父母之间深刻的依恋之情漠不关心，这实在是有些离奇。

虽然这通常被说成是针对祖父母设定的合理限制，但是人们不禁怀疑，它究竟能有多么合理？因为珍视自己的感受，就决定借助这一理想的圣坛将孩子与祖父母的关系牺牲掉，这难道是一种好的示范作用？无法将孩子的需求与自己的需求区分开来，这难道是一种力量？认为你的孩子的心理健康与你自己的紧密相连，以至于你无法想象他们会从与你父母的关系中受益，就因为你自己对这种关系感到焦虑不安，这难道是在展示一种健康合理的分离？这在长辈的重要性问题上会让孩子形成怎样的思想？他们会对生活或社会做出什么样的贡献？

我帮助于燕和张炜完全从她女儿的角度出发去应对她的抱怨，而且不使用任何会让人产生内疚感或义务感的表达方式。谈话中不带任何责任、义务或尊重之类的词，这种思维方式对他们来说很难适应，但是他们还是做到了。幸运的是，他们的女儿做出了回应，而他们得以与她和外孙重新和好。

乔安娜就没有那么幸运。虽然她的儿子愿意与她和解，但是她的儿媳却仍然持怀疑态度——继续将她和她的孙辈们隔离了4年。我鼓励乔安娜要有耐心，不要在儿子面前指责儿媳，并且还要持续不断地以友好的方式与她交往。最后，她终于能够慢慢地回到孙子们的生活中。与他们的接触让她的内心充满了感激。但是，她也不得不伤感于那些无法挽回的、没能与他们共度的岁月。

努力走向对方的改变策略

经常会有一些祖父母在给我的来信中抱怨说，尽管他们被允许可以偶尔看望一次孙子女，但是却处在严密的监控之下，终日如履薄冰。而且，那些规定他们在孙子孙女身边应该如何行事的规范让他们感觉自己无异于一个囚犯。

今天的父母在抚养幼儿时确实在饮食、看电视以及沟通方式方面有比过去更严格的标准。此外，有些成年子女对父母陪伴孩子的能力缺乏信任，因为他们担心父母会让自己的孩子心里不舒服，就像他们在他小时候所做的那样。无论是对于在子女童年时期确实犯过严重错误的父母，还是对于其问题属于正常范围内的父母，这种不信任都是一个很大的难题。对此，我想提出一些常见的情况，一些父母和子女都应该了解的问题。

父母对子女的教育方式是否适用于孙辈

这是一个让人们尤其感到头疼的问题。许多祖父母都曾对我说，他们的成年子女不允许他们和自己的孙子女在一起，理由是他们认为祖父母会让孙子女自我感觉很差，或者会辱骂孙子女，或者会对他们疏于照顾。祖父母与自己的孩子所处的时代对于"正确"的教育的定义存在很大的不同，许多在祖父母那一代被视为理所当然的教育方法，到了他们的子女眼中就变成了"罪恶"，是对孩子"权利的侵害"。当子女说出那些伤人的话语时，父母心里并不清楚自己哪里犯了错；同样，子女也没有意识到这种社会性变化造成的巨大差异，把父母打成了十恶不赦的罪人。对于这一问题，双方应该采取以下策略：

1. 父母要多与子女咨询，确认必要的注意事项：你对我的哪些做法感到不放心？你为什么对此感到不放心？我最近一次这么做是在什么时候？你当时对我的做法有什么感受？我的孙子对此有没有抱怨？你因此对我有什么看法？

子女要了解，询问这些问题并不是为了争辩，证明成年子女是错误的。父母是在借此努力收集信息，以便对正在发生的事情有更深入的了解，从而更好地达到子女的期望。

2. 双方要明确应该怎么做——当父母在子女的家中时应该怎么做，在孙子身边时应该怎么做。不过，子女所制定的一些身为祖父母应该遵守的规矩，父母很可能不喜欢。但是不幸的是，父母对此并没有太多发言权。

在这类关系中的另一个常见问题是，父母担心疏远自己的子女会在孙子面前抹黑自己，而自己对此没有太多发言权。这种现象是确实存在的。当对父母的不满超过自己的极限而选择疏远后，子女内心深处的态度与想法会在对孩子的教育中有意或无意地表现出来。而且，子女的配偶也可能会刻意误导孩子。不过，虽然有些成年子女及其配偶会污蔑父母，或者怪罪他们，但是有些人还是会为将来有可能再次与父母建立联系留有余地，因此他们对孩子所讲的有关父母的言辞会相对更中立些。

对于遇到此类问题的父母，我推荐一个方法，这个方法很简单：继续与孙子女接触。维护自己形象的最好方法就是用实际行动说话，除非已经到了极端的情况，比如收到了法院发来的限制令，或被威胁说，如果试图继续接触孙子女，就会让警察打电话；或者，父母寄给孙子女的礼物被原封不动寄回了,这意味着父母与子女及其配偶的关系已经相当敏感,应该退避一段时间。这种情况下,我建议时间应该不少于一年。

除此之外,父母可以继续与孙子女保持联系。有时候——尤其是当孙子女还保留着关于祖父母的其他记忆时——他的看法也许不会受到父母的影响。祖父母的存在对孙子女来说有其必要性。一些孙子女长大后可能会对与父母的关系产生疑问,中断与父母的联系,正如他们的父母所为;而且他们可能也需要祖父母的指导,透过祖父母的视角获得新的自我认识。

父母的话语影响孩子对祖父母的看法

正如上面提到的,当人们最终选择与自己的父母疏远时,对父母必然有着许多怨言,无论是针对他们对自己的教育,还是针对他们对自己的孩子的培养方式。这些带有个人情绪的或多或少与事实有所偏差的不满,最终也会给孩子的意识造成影响。孙子女可能会将那些伤人的话复述给祖父母,根据祖父母回应方式的不同,对双方关系的影响也不同。

无论如何,孩子希望的是自己的感受得到重视。比如说,有一位来我这里咨询的母亲,她6岁的孙女对她说:"妈妈说你在她小的时候对她特别凶。"这位母亲不同意她女儿对自己的评价。我指导这位祖母通过下面这种方式回答:

> 祖母:真的吗?妈妈说这话的时候,你有什么想法或者感受?

孙女：我不喜欢。

祖母：为什么？

孙女：我不喜欢你对我妈妈那么凶。

祖母：如果有人对我妈妈也很凶，我也不会喜欢！

孙女：那你为什么还那样呢？

祖母：亲爱的，我记忆中的和你妈妈说的不完全一样。但是你知道，我们有时会对很久以前的事有不同的记忆，这是常有的事。

总之，沟通中应该更侧重于孩子的感受，而不是自己的感受。然而，要在自己最爱的孙子女说出那些不符合事实的指控时还保持冷静是一件很难的事，有些人会下意识采取这些反应，导致自己与子女和孙子女的关系更加疏离：

- 对孙子女的话语采取防御姿态，不去直面问题。

- 指责他或她的父母，导致孙子女在父母和祖父母之间进退两难，不知该忠诚于哪一方。

- 不愿接受批评，难以保持镇定。不冷静的态度会让自己显得不可靠，让人不愿倾吐秘密。

- 不去进行正面的引导，带孩子了解家庭生活的本质。即便孙子女的年纪尚小，也有足够的能力去了解真相，孩子应该知道现实中的家庭生活实际上充满了困惑、矛盾和分立，相互热爱的家庭成员对行为和动机可以有截然不同的看法。

如果孙子女的年纪稍微大一点儿，那么情况就可能会大不相同：

青少年：妈妈说，她小的时候你经常会打她耳光。

祖母：她是这么说的？

青少年：是的，你为什么打她？

祖母：亲爱的，我和你妈妈对她对童年的记忆有些出入。妈妈说这话的时候，你有什么感受？

青少年：我认为这简直糟透了。

祖母：你很生气。

青少年：你难道不会吗？

祖母：如果我相信我奶奶打我妈妈，我当然会。

青少年：哦，你是说她在说谎？

祖母：我是说孩子对童年的记忆有时会与父母的有所不同。我不记得我打过你妈妈，我也不认为这是我会忘记的事情。但是，我们清楚地记得事情不是那样。在这一点上，我更担心的是，你在得知你奶奶曾经打你妈妈时会有什么样的感受。你一定很难受。

孩子需要的是感受到重视，而不是辩解。在与他们沟通时，祖父母不能被带入"他说/她说"的陷阱。要将交流的重点放在孙子女的感受上，而不是自身的清白。

祖父母曾经真的犯过错误

有时，人们对子女讲述的那些祖父母所犯的错误是确确实实发生过的。在这种情况下，想保护自己的孩子不受到与自己相同的伤害也情有可原。但是，这并不意味着祖父母便失去了重新挽回一切的权利。人们总是避免不了犯错。若是想维持与自己挚爱的孙子女的关系，甚至与子女和好如初，祖父母可以通过以下方式进行交流：

青少年：妈妈说，她小时候你经常打她。

祖母：她说这话时，你有什么感受？

青少年：我认为这简直糟透了。

祖母：你很生气。

青少年：你难道不会吗？

祖母：如果我相信我奶奶打我妈妈，我当然会。

青少年：哦，你是说她在说谎？

祖母：不，我确实不止一次打过你妈妈。有时候我会情绪失控。我会带着这份遗憾进入坟墓。我曾经竭力向你妈妈道歉。

青少年：是的，她说你没有诚意。

祖母：哦，听到这话我感到很伤心，因为我是真心实意的。我也为你不得不听到这些话感到难过。你一定感觉很不好受。从那以后我成熟了很多。我绝对不会在犯同样的错误，但是我知道她对此仍然耿耿于怀。我能理解。

祖父母不仅是在与自己的孙子女交流，而且是通过他与自己的子女交流。这些对话很有可能会经由孙子女转述到子女耳中。因此，最好的方式就是在对话中坦率地承认自己的错误，不要为自己辩解，不要撒谎或者干脆避开当前的话题。

祖父母承受的双重痛苦

为人父母并不是一件容易的事。在这种每个人一生仅有寥寥几次甚至只有一次的经验中，犯错是再正常不过的事。有些父母足够幸运，他们走错的那些路都得到及时纠正，没有给子女留下太大的伤害；然而有一些父母犯下的错误，给子女造成了终生难忘的创伤，当父母想要补救时已经为时已晚。在这种情况下，子女往往会对于父母对自己的孩子的教育抱有怀疑，因此会通过将孩子与其祖父母隔绝开来保护孩子，以免让他受到自己曾经遭受过的痛苦。

对于这些父母来说，成年子女对他们作为祖父母能力的不信任给他们带来的痛苦是双倍的。一方面他们被迫去回味自己在做父母时留下的种种遗憾，而另一方面又在孙子的问题上被弄得感觉自己像个被社会抛弃的人。即使有些父母已经改过自新，而且绝不愿再伤害他们的孙子，情况也不会有所不同。而且这些父母反而感到更加痛苦，因为他们中的许多人都以为，当上祖父母之后，他们就有机会修复自己做父母时造成的所有伤害，并且恢复他们的自尊心，让自己认同自己是个好人。

对于这种情况，双方的关系似乎是一个死局，因为子女对父母的不信任有着充分的理由。如果父母确实犯过严重的错误，并且成年子女拒绝或限制其与孙子女接触，我建议他们时刻提醒自己以下几点：

- 我已经竭力向我的子女道歉，并且应该得到原谅。

- 我在抚养子女方面的确犯过错误。但是这背后有些原因，而且从那时起，我就竭尽全力做个好父母。

这样做的目的不是让父母为自己开脱，而是帮助他们找到一种充满爱和同情的方式与自己沟通。

来自其他祖父母的竞争

当一个新的家庭关系缔结后，竞争便不可避免地出现了。婆婆与儿媳、再婚家庭的兄弟姐妹、双方的亲人……不可忽视的是，夫妻对双方父母的态度差异，会给受到冷落的那一方心中蒙上一层阴影。看到另一方的祖父母与孙子女亲密相处，而自己得到的远不如他们，不免产生不平衡的心态，这种感受又导致他们犯下更多错误，为疏远推波助澜。

许多父母与我抱怨说，他们的亲家——儿媳或女婿的父母——被像王室成员一样对待，而自己却被当作废物一样丢弃。应付与自己孩子的疏远或被冷落已经很不容易了，而得知另一方父母可以有更多的时间和自己的子女和孙子女在一起，一种发自本能的艳羡妒恨，对他们来说更是往伤口上撒的一把盐。在这种情况下，他们可能会出于负面情绪采取某些应对方式，而这些行为可能会将子女与孙子女进一步推远：

- 忍不住抱怨。祖父母会抱怨亲家与孙子女待在一起的时间比自己多。然而无论这些指控的对与错，都很可能使成年子女采取防御的姿态，甚至导致他们不再与父母交心，撤离得更远。

- 心口不一。人们可能认为掩饰自己的真实想法才能避免矛盾的发生,但是真实的情感是难以彻底压抑的。说出想要说的话,不说不想要说的话,用心交流才是解决问题的最佳方法。

• 无法坦率地提出要求,或是提要求的方法不对,试图通过给子女造成内疚感来给他们施压。人们在自己感到痛苦的关系中常常会利用内疚感作为让他人听从自己的武器,然而在疏远的亲子关系中,内疚感所起到的往往是反作用。

★ ★ ★

我经常听到被疏远的祖父母讲述说,失去孙子女比失去成年子女更加痛苦。他们说对孙子女的爱更加自然纯洁,这种爱的消失会让人感到更加迷茫和困惑,而他们再次见到孙子女的需要更加急迫,更加生死攸关。对于子女来说,这种悲伤却难以感同身受。他们只是在践行他们所认为的,对自己的孩子最好的教育方法。我希望本章能为处于这种关系的父母与孩子指明一条道路。

第10章

疏远与心理创伤

最大的痛苦莫过于悲伤时想起的欢乐。

——埃斯库罗斯

让我们一起来听听父母的心声。

当我成为一名心理学家时,我无法预料到有一天我的诊所里会挤满挣扎在无休止的痛苦中的父母。我也没有料到,我需要解决如下这些问题:如果我再也见不到我的子女怎么办?如果我的孙子们认为我不爱他们怎么办?我的儿子还记得我们在一起度过的美好时光吗?如果女儿决定不见我,她还会在乎我吗?还是她完全就是恨我?

我也不知道我还需要解决那些令人心碎的临终时的问题,例如:谁会来埋葬我?我会孤独地死在医院的病床上而没有一个子孙前来安慰我吗?一旦我走了,我的子女们还会想念我吗?如果我得了癌症,他们会停止对我的疏远吗?如果他们不这样做,我会有什么感觉?

没有人教我如何解决这些问题,而且我可以肯定地说,在我的上一本书出版后的头几年，随着大量转介病人的接踵而至，我对他们的回答是笨拙而无效的。然而经过过去十多年与众多被疏远的父母的接触，我懂得了一些道理。首先：我的任何措施或者语言都无法消除他们的痛苦。当他们看到老奶奶推着坐在婴儿车里的孙女在街上走，旁边是她满脸微笑的女儿，他们会因此而感到痛苦。当他们听到朋友或亲戚讲述他们和3个成年子女与孙子女们一起度过的难忘的旅行，会因此而感到痛苦。他们会梦见儿子与自己快乐地和好如初，然后从梦中醒来，想起自己已经有将近7年没有他的音讯了，并因此而感到痛苦。尽管内心强烈警告自己不要那样做，但他们还是会去反复浏览子女的社交账号，或者在子女发布关于自己、他们的孩子、岳父岳母和朋友（似乎除了父母以外的每个人）的消息的任何地方，这些让父母感到痛苦。

事实上，无论是主动疏远还是被迫疏远的一方，都会遭受延绵不绝的心理折磨，无论内心有多明白这对自己来说最好的或是无法避免的选择。我们要学会的一个道理是，你是想在难以平息的悲伤中度日，还是想让欢乐与痛苦的人生相伴，何去何从关键在于如何应对痛苦。

华盛顿大学心理学家、辩证行为疗法创始人马莎·莱恩汉曾经说："苦难是走出地狱的途径。""拒绝承认从地狱爬出来的途中必须经历苦难，你就会再次陷入地狱。"

苦难是走出地狱的途径。这话是什么意思？它的意思是：必须首先"彻底接受"自己目前的处境。彻底接受意味着我们不会与自己此刻的感受作斗争。感到伤心？那就伤心好了。不要评判，不要驱赶，不要轻

第10章 疏远与心理创伤

视,也不要试图控制它的走向。直视这种感觉,而不是避开它。

我是经过一番痛苦的经历后才领悟到这一点的。在我被女儿疏远的那段日子里,我发现自己每天都在反刍着我作为父亲所犯的每一个错误,而且每一次都会让自己陷入悲伤、愤怒和恐惧的漩涡。但是,有一天,我没有继续把自己淹没在这种痛苦不堪的情绪里,而是想:"嘿,你猜怎么着?你的女儿可能再也不会和你说话了。永远都不会了!上次你见到她?那可能是你最后一次见到她了。面对现实吧。"这不是一种严厉的或者批评的声音,而更像是来自我内心某个被删减的部分的明智而贴心的建议。而接受这一令人沮丧的现实却给我带来了一种奇怪的、令人无法理解的心理安慰。这就是一种彻底的接受。是接受自己此刻无法改变并且可能永远无法改变的东西。

再举一个例十:心理治疗师梅根・迪瓦恩悲惨地亲眼目睹了她的伴侣39岁时溺死在海里。梅根因此深知疼痛的全貌。她给出的建议是:"你的痛苦需要空间,一个让它展开的空间。"她和马克・内波在合著的《不要害怕悲伤》一书中写道:"也许你的痛苦可以在宇宙的轴上缠绕数圈。只有星星才有足够大的空间容纳它。"穿过接受现实的痛苦,方能走出地狱。我们感到绝望、气愤、内疚、担心、羞愧、害怕,精神受到创伤。这些是从心中传达出的强有力的讯息:有些东西需要我们去关注,而不是去评判。

有些人可能会想:"可是我已经在关注它了。问题就在这里!"确实,但是关注我们的想法和感受的方式有对错之分。我发现有必要区分痛苦和受苦这两个概念，因为痛苦和受苦是两回事。痛苦是作为人类和作为受疏远伤害的人不可避免也无法避免的部分。遗憾的是，我们对此几乎没有控制权。但是，我们可以越来越有能力控制并且越来越多地意识到痛苦持续的时间长度。可以降低它的意义，减少增加痛苦的活动，限制痛苦影响生活其他方面的深远程度。而这便是受苦的部分。

从佛教教义到当代心理疗法都有谈到有关区分痛苦与受苦的见解。"从心智到正念"计划的创办者精神病学家马克·莱文举了一个例子："假设我走在厨房地板上时踢伤了我的脚趾。这就是痛苦。可是后来我开始对我自己说了一大堆与脚趾被踢伤有关的事，例如'你这个笨蛋，为什么你走路不小心点儿？'或者'下次你要跌个嘴啃泥，或者摔断胯骨吗！'或者'你就是这么笨手笨脚，这对你来说太稀松平常了，这不过是证明你是个破坏大王的又一个例子！'"

这就是受苦。受苦会延长痛苦的经历，因为它创造了一个无休止的认知反馈回路，而痛苦始终是这个循环的终点。受苦导致受苦再导致受苦。

再举一个更相关的例子：一位与孩子断绝关系的父母到朋友家中吃饭，对方的成年子女从外地回来看父母。这位与子女失去联系的父母曾看着这些孩子长大，因此很高兴见到他们，他们也很高兴与其见面。更何况，他与这位朋友关系亲密，所以很高兴见到他们成功有为的孩子。然而同时让他无比痛苦的是，这些反衬出了他自己所缺失的东西。于是他整个晚上多次起身去洗手间，捂着脸哭泣，不让人听到自己的哭声。

第10章 疏远与心理创伤

在这个例子中，痛苦是悲伤和失落的感觉。而"受苦"是以下任何一种情况：

- **羞辱自己**：我一定是一个糟糕的人/一个糟糕的父母，所以我的子女才会与我反目为仇。

- **社会性的耻辱**：其他人一定会认为我很糟糕，所以我的子女才会与我反目为仇。

- **与社会性耻辱相关的社会隔离**：如果这种情况总是在我身上发生，我甚至都不应该出门。

- **恐惧和灾难性后果**：如果这个无法解决，我怎么能从痛苦中走出来？我怎么能忍受看不到我的子女或孙子的痛苦？

- **内疚和反刍**：我会没完没了地思考问题可能都是我一手造成的，或者思考我该怎么解决这个问题。我总是不停地考虑我的子女受到的伤害和错待。

- **愤怒**：我自己的子女怎么会对我这样做？他以为他是谁？

- **嫉妒**：为什么其他人能和孙子在一起，而我却不能？

- **过去的遗痕**：我的父母不爱我，现在我又被自己的子女抛弃，我怎么能忍受这种痛苦？这不是证明我很讨厌吗？

莱恩汉在他的作品中列出了几种不同的头脑中的画面，可以帮助我们面对痛苦，然后观察由此产生的任何有可能导致"受苦"的思想。例如，将痛苦和随后的想法想像为一片落在一条潺潺流动的溪流中的叶子，叶子随溪水逐渐从视线里消失。

将情绪想像成海浪，我们在上面冲浪，不阻挡它，也不压制它。不要紧盯不放，只需留意自己的感觉所在之处，尽可能充分全面地专注于各种感觉。观察自己在多久以后，痛苦开始减轻。

分析情绪粒度[1]也会很有帮助。我的情绪只是悲伤吗？还是也会绝望、忧伤、苦恼、极度痛苦、排斥、不安、悲痛或挫败感？只是愤怒吗？还是也会感到不满、愤怒、恼怒、嫉妒、烦恼或苦涩？为什么要更具体些？心理学教授、《情感是如何产生的》一书的作者丽莎·费尔德曼·巴雷特发现，较高的情绪粒度与较低的药物治疗需求、较少的住院天数以及较大的情绪调节灵活性之间存在相关性。深入了解自己的感受的具体特性，可以帮助我们听到大脑中的一部分试图传达给另一部分的信息。它可以指导我们确定应对这种情绪的行动方式，也有助于减少自己受情绪支配或控制的程度，因为我们会更清楚地了解自己的感觉。

愤怒与疏远

愤怒是朋友，愤怒也是敌人。愤怒让人知道自己受了委屈，健康幸福受到了威胁，并且让人做好采取行动的准备。愤怒是一道用来防御那个给自己带来伤害关系的防火墙。

人们常说，抑郁就是内化的愤怒。我认为抑郁要比这更复杂，但是在解决疏远造成的痛苦中，这确实可以带来一些启迪。我曾建议那些父母给儿子或女儿或亲家，或者其他诋毁自己的人写信，然后勃然大怒，

---
[1] 情绪粒度：指一个人区分并识别自己具体情绪体验的能力。

以便能够与那个说父母就该永远受罪的声音抗争。(但通常,这封信不会发出,只是写给自己的。)

然而另一方面,愤怒有时会太过火,对人们生活造成负面影响。当与子女的疏远带来的愤怒占领高地,人们可能处于以下一种或几种状态之中:

- 完全被怒火吞噬,任何东西都无法感受到其中的乐趣。
- 总是对无辜的人发火。
- 愤怒干扰到他们与其他子女(如果有)、他们的配偶或伴侣或者朋友们之间的关系。

实际上,这些状态可能也意味着父母正在奋力自卫。通常在这种愤怒的背后,隐藏的是内疚感、自责和懊悔。

饱受疏远之痛折磨的父母

与处在疏远之痛中的子女不同的是,被孩子疏远的父母往往缺乏必要的公共意识与支持。年轻人的自我意识与社交网络让他们更容易找到释放心理压力的出口,然而父母却必须借助外界力量的支持。然而,尽管各种针对离婚、疾病或死亡问题的网站、书籍和讲习班比比皆是,但如果一位父母的子女还活着,却不愿与他有任何来往,父母往往很难找到相似的支持手段。难道为了让自己活得像一个体面的人,一个曾经为子女提供良好的或者还算不错的生活的人,他们就必须每天去法庭诉讼为自己争取这项权利吗?或者如果他们的确犯过严重的错误,那么让他们整个余生都在罪恶和悲伤的炼狱中煎熬就是公平的吗？难道他们就该被判处这种只有子女才能为他们减刑的无期徒刑吗？

如果一个人的子女确实不在了，每个人都会为其感到难过。但如果子女是不再与其说话，那么每个人都会对他说长道短。至少感觉上是如此。这种感觉会让人们正常表达哀伤的能力和照顾自己的能力变得更加脆弱。

对此我的领悟是：自我同情是关键。没有自我同情，就不会有安宁与幸福，不会有恢复能力，也不会有未来。没有自我同情，一生将在无休止的自我憎恶、自我怀疑和仇恨的地狱中度过。没有自我同情，人会远离那些自己爱的人和爱自己的人。而且，即使自己不远离他们，他们也会因为自己不会照顾自己而远离。

然而，对于饱受疏远之痛折磨的父母，却有数不清的障碍阻止他们与自己达成和解。其中，在通往自我同情的路上有两个关键的障碍。

家庭的历史

作为一名心理学家，我的经验告诉我，人们成长的家庭对他的负面影响越大，就越难以获得自我同情感。这是因为如果在一个被虐待、被忽视、经常受到批评或羞辱的环境中长大，那么早在还没有子女之前，很可能就已经习惯于苛责自己了。

此外，在生活中的其他经历，例如被同龄人、兄弟姐妹或其他人取笑或侮辱，也有可能会导致人很不理智地认为自己一无是处。这些家庭历史会给被子女疏远的父母施加更多的伤害：

- 他们对子女的批评缺乏足够的免疫力。
- 他们更觉得自己本就该被冷落甚至被抛弃。
- 他们更容易将不是自己犯的错归咎于自己，或者难以分清哪些是自己的错而哪些不是。
- 他们会因一些与抚育子女无关的事情而深陷在内疚感之中。
- 他们会持续地感到焦虑或抑郁。

母亲的责任

有一种观点认为，作为一名好母亲，无论自己犯了什么错误，或者被子女认为犯了什么错误，都应当责备自己并且为此感到愧疚。这种观点构成了让母亲无法保持内心宁静的一个最大的障碍。

这并不是说爸爸们面对疏远时就可以逍遥自在。对于这一点我可以立即站出来做证。男人倾向于借助愤怒、社交退缩和隔离来掩盖抑郁的情绪，这会让我们看上去似乎没有像真实情况那样受到太大的影响。而且，男性身份被赋予了一种自我重视的特权，这可能会让父亲能够更有效地抵制罪恶感，更主动地回击子女的疏远行为，并且较少会在责任感的驱使下继续尝试和解。

而女性却找不到这种文化上的庇护。比如，一些常见的对母性的定义可能会促使母亲必须：

- 将自己放到最后，尤其是在涉及子女（包括成年子女）的情况下

- 永远付出，直至受伤
- 即使在不该做出牺牲的时候也要做出牺牲
- 永远为子女操心
- 对子女幸福的关心远远超过对任何人有用的程度

应该不难看出，这些对理想的母亲形象的普遍看法，会抑制母亲一方摆脱自责、懊悔和悲伤的能力。并且，美国持续不断的文化传播主张，如果母亲不具备所有上述品质，那么其行为就会在某种程度上被视为自私、不负责任、缺乏爱心。也就是说，没有母爱。

具有讽刺意味的是，能够让人成为一名好父母的技能与获得自我同情的能力相互抵触。因为要想获得更多的自我同情，人们必须信奉以下理念：

- 即使我不为自己的子女费心，我仍然是一个好人，一个好父母。
- 即使我把自己的幸福摆在第一位，我仍然是一个好人，一个好父母。
- 把自己放在第一位并不意味着我把别人放在最后。
- 自我本位（即优先考虑我的幸福，考虑能让我感到幸福的东西）与自私是两个概念。
- 既然我的子女选择不花时间陪我，那么考虑一下在没有他或她的情况下如何安排我自己的时间，对我来说是一种明智的选择。
- 不让子女占据我的头脑，这有助于我的幸福和安宁。
- 如果我为过去惩罚自己，我便是在助长那个认为我就该受罪的谬论。

- 我经受的痛苦已经够多了,从今天起,我选择去找回作为一个父母和一个人的自信。

这些信念是父母在与子女的疏远中找回自我的前提,许多父母,尤其是母亲一方,难以打开自我和解的大门,因为他们被自我和社会强加的看法所压倒,被自我谴责所吞噬。

让父母陷入痛苦的6个误区

误区1：没有我的子女或孙子女，我的生活不可能幸福。

事实：虽然疏远会造成巨大的痛苦，但最大的障碍不是子女的离去，而是父母心里的内疚、羞愧和想要惩罚自己的倾向。他们认为自己本来能够做得更好，而且应该做得更好。

误区2：如果我的子女疏远我，就证明我不值得被爱。

事实：父母的价值不是由子女或其他任何人来评判的。每个人的价值都是自己与生俱来的权利的一部分，应该终生捍卫它。

误区3：我应该始终为我的子女费心。否则，我便是一个不负责任的父母，一个卑鄙、自私的人。

事实：纠结于子女对自己对疏远，或者终日挂念子女的幸福，是对父母心理健康的二次伤害，会破坏父母自身的幸福和安宁。事实上，即使父母不为子女费心，仍然可以是一个好人，一个好父母。

误区4：如果我没有做出过那些决定或没有犯过那些错误，子女的生活会完全不同。

事实：也许是这样，但其实父母只是影响子女未来生活的一部分因素——有时只是很小的一部分。遗传、阶级、邻居、兄弟姐妹、同伴、文化、选择的伴侣以及偶然的运气有时更为重要。

误区5：我的子女是评判我现在或曾经是什么样的父母的最佳人选。

事实：然而有时候，子女是最不适合做此判断的人，因为：

① 他们会受父母一方的前任或者自己配偶的严重影响。

② 精神疾病会导致他们用病人扭曲的视角来看待父母。

③ 他们的治疗师改变了他们对于父母现在或者过去的看法。

④ 他们会以一些与育儿方式无关的原因贬低父母的价值。因为他们担心自己太过依赖父母，所以需要为此而抗争，同时要证明自己能够依靠自己独立生活。

误区6：如果我当时换一种方式抚育他们，也许今天他们就不会疏远我。

事实：没有人能预测哪些人会选择疏远而哪些人不会。有许多父母的确有虐待子女的行为，而他们的子女却从未想过要疏远他们。相反，有很多父母非常尽职尽责，而他们的子女却选择终止与他们的关系。今天有如此之多尽职尽责的

> 父母被疏远的事实表明，疏远是一种社会现象，而不是任何一个父母的问题。

疏远给父母带来的不只是失去子女陪伴、失去作为称职父母的资格产生的心理创伤，还包含着周遭环境有意或无意间给其施加的无尽压力。而对于有着更为丰富的社会资源与社会生活的子女来说，这些感受却很难体会。在下一章里，我将根据我个人及无数向我寻求建议的咨询者的经历，谈谈疏远给父母带来的方方面面的社会性影响——无论是主动还是被迫与家人疏远的一方，都有必要了解一下这些难以启齿的隐痛。

第11章
父母会受到的社会性创伤

令人难捱的节假日、生日和婚礼

说到痛苦,想一想父母在节假日、生日、子女的婚礼、孙子女的出生、子女的毕业典礼等场合都在做什么?这是一些他们做梦都想不到会被排除在外的场合。几乎所有被疏远的父母都一样,当这些日子临近时,会感到一种病态的恐惧。他们会被这些问题长期困扰:

• 如果人们问我假期或生日那天我要和我的孩子做些什么,我该怎么回答?

• 在朋友或孩子面前,我该如何控制自己的悲伤、嫉妒或愤怒的情绪?

• 在那些日子里,有没有什么更好或者更糟的活动可以做?

• 我还能否度过一个让自己重新感到神志清醒、精神愉悦的假期?

• 我刚刚发现我的孩子要结婚了,可他没有通知我。我应该如何应对这件事?

当被别人问及子女或者孙子女

被不知情的人问到子女的近况而难以应答,这是每一个与子女失去联系的父母都不得不面对的窘境。父母会置身于什么样的场景呢?诚然,他们可以说些风趣的话,然后把话题岔开:"哦,她钻进自己的世界里去了。她和她的小家伙们,我现在不能想见就见。现在的孩子啊。"如果有必要,也可以把上次看到孩子、孙子时了解的最新近况,或者听到的小道消息告诉他们,然后换个话题。毕竟父母没有道德义务对任何人说不愿意说的话。

然而,痛苦是真实存在的。在这样的场景中,父母只能进入然后退出这段对话,将其引入安全地带,而不能像其他处于正常家庭关系的父母一样,幸福地侃侃而谈。如果那些人坚持要展示自己孙子女的照片,为了逃避痛苦,父母只能深呼吸,适当地恭维几句,然后突然表示内急,或是找些吃的喝的东西。

在这些场景中,父母可能会说些这样的话:

- 真希望你能对我说你仍然认为我是一个好父母,这对我来说真的是太重要了(为了从他人的回答中寻求有力的支持)。
- 我真的需要找人聊聊这件事,我需要有人能理解这对我来说是怎样的一场噩梦。如果你能同情我,那就太好了。
- 如果我能随时和你聊聊这件事,哪怕只是一点点,也会让我安心。我知道这样有点烦,但是如果我不跟你谈这件事,我会觉得没有直面自己的生活。

- 我说过我不想要别人的建议，可你偏要一直说，你好像不能理解我。我知道这不是你的本意，但你的话让我感觉这一切都是我的错，或者好像是在说这事有什么难的。

丧失社交能力

许多被疏远的父母会担心自己没完没了的忧伤和对支持的强烈需求会耗尽朋友的耐心。在友谊中，人们对待疏远问题的态度，不应该有别于其他给人造成长期的痛苦或困难的问题，例如嫁给了一个有精神疾病或者很难相处的人，应对父母的长期或者逐渐恶化的疾病或是死亡，或者患上了某种令人痛苦或者担心的疾病。朋友应该会想到每次见面时，对方需要花一些时间聊聊这件事。

但是，如果只谈论自己的痛苦，确实可能会让朋友或其他关心自己的人不堪忍受。没有人的同情心是取之不尽用之不竭的。人们肯定会希望我们关心一些生活中的其他方面，例如我们感激的东西，生活中顺利的东西，当然还有对方的生活。而且，疏远问题与我前面给出了那几个例子不同：与有精神问题的配偶结婚，帮助年迈的父母，应对死亡或慢性疾病……这些是很多人都会经历的事，或者说人们知道很多人都会经历的事。

或许有些朋友可以提供合适的支持，而有些人天生就没有能力为遭受疏远之苦的朋友或家人提供适当的安慰。这往往是因为他们不曾有过不得不为极度痛苦的、无法解决的问题而挣扎的经历，因此他们的经验词汇库也相对较小。还有一些人会因担心自己不知道如何给出最好的回应而避免谈论这个话题，或者在提出这个话题的一刹那迅速转移话题，或者说一些最好留着用在贺曼贺卡上的庸俗的话。这些让遭受疏远之痛、想要找到出口的父母更加无措。

而且，许多被疏远的父母之所以得不到身边人的帮助，是因为没有让朋友足够多地了解他们的处境。他们非常担心自己不断发展的、没完没了的悲惨故事会让朋友不堪忍受，害怕朋友会对他们的问题感到厌倦，会对不知道如何帮助他们而感到愧疚，担心自己的同情心不够，或者对他们还没有解决问题感到恼火。在许多情况下，与其说是父母没有一个可以支持自己的朋友，不如说是他们担心会给朋友施加过于沉重的负担而退却。

这造成了疏远问题中的一个最成问题的方面：社交能力的丧失。之所以说它成问题是因为，父母需要一群人来让自己坚强起来，帮助他们找回自尊心和自信心。他们需要其他人为他们举起一面镜子，因为子女手中的那面镜子太过强大和不可抗拒。父母天生就倾向于相信子女的看法：有谁能比自己为其父母的人更有资格判断他们是否是个好父母呢？然而，要想从疏远的痛苦中恢复过来，部分任务就是要收回这项权力。并不是说父母要粉饰或忽略自己的错误，而是撤销子女作为父母价值的终极仲裁者的职务。

父母需要社群，因为他们单一的能力不足以独自承担疏远。疏远的背后意味着，你最珍爱的人会从你身上剥离掉，而你对此无能为力——或者看起来是这样。这种经历会使大多数人感到恐惧、无助和愤怒。尤其是在遭受其他创伤的情况下，它有可能会使父母相信，这在某种程度上证实了他根本没有任何价值。

与他人交往会很容易让父母想起自己被疏远的境地。有太多的父母，尤其是母亲，很难把自己的幸福放在首位，因为社会的经历让她们总是最后考虑自己。她们非常担心伤害他人的感受，以致丧失了积极思考自己最感兴趣的东西的能力。为了避免这种伤害，学会说"不"对他们来说很重要，却往往很难做到。

在假期、生日等高风险日子里，父母看到朋友或其他家庭成员和自己的成年子女和孙子女在一起，可能会感到悲伤、嫉妒、愤怒或沮丧。这些特殊日子可能会带来更大的麻烦，因为它们所唤起的那些回忆，因为商业广告、媒体关于家庭的报道以及来自亲朋好友的图片和邀请会让父母难以忍受。父母应该学会自私，拒绝同行，但这也不是事事皆可用的策略——人们不可能永远蛰居洞中。

无法拒绝的邀请

在有些情况下，父母不得不接受别人的邀请，因为如果不这样做的话会引起太多的麻烦，或者因为活动中有他们非常想见到的人，尽管那里有可能会让他们感到伤心。而且事实上，即使拒绝参加，也有可能会遇到无法避免的人。为了参加某个活动，父母不得不事先为自己编写好脚本，例如：

- 当被问及子女或孙子女时要说的话（见上文）。

- 当他们向自己展示子女或孙子女的照片，或开始讲述有关他们的故事时，要回答的话。

- 撤离活动的策略。让主人或其他人知道因为自己身体不适，所以可能需要提前离开。而实际上他们并没有身体不适。他们遇到的问题不是疾病，而是情感。

伤害婚姻或恋爱关系

心理创伤有可能会对恋爱关系产生负面影响。持续的痛苦和沮丧不仅会使人对恋爱关系（以及整个生活）的满足感降低，而且疏远也可能会导致夫妻之间互相责备，或者认为是对方加剧了这种疏远。对于之后的策略，二人可能会有完全不同的想法，包括是否继续与子女接触，是否将孩子排除在遗嘱之外，或者与尚存在问题的儿媳或女婿和解。

研究表明，几乎所有来自夫妻双方之外的压力都有可能会降低夫妻婚姻的满意度。这些压力可能来自工作上的冲突，也可能是由于对生活中其他部分的不满意，并且这种不满意不是直接由配偶的行为引起的。这是因为在恋爱关系中进行良好的沟通需要一定程度的精力和机智。耐心周到地考虑伴侣的感觉，在工作和家务劳动或其他家庭事务之间寻求平衡，以及对自己的生活感到幸福并且足以将这种能量带入婚姻，这些都需要精力。

此外，人们很容易会将配偶当作替罪羊。情绪往往需要一个发泄的出口，而我们的配偶常常会成为目标。一个悲哀但却真实的现象是，人们常常只有在配偶面前才会暴露出最坏的行为。我有时会听到人们在夫妻治疗中说："一定是你的问题，因为我没有一个朋友抱怨过。"我说那是因为你绝对不会用对待配偶的方式对待朋友。我们通常会对配偶不那么小心翼翼，并且希望他们原谅我们的行为，而我们绝不会期望我们的朋友原谅我们。

还有一种想法认为，伴侣应该无休止地给予，永远有时间陪伴，永远兴趣昂然，不管自己的表现如何糟糕。这种想法在美国的灵魂伴侣文化中尤其常见。不幸的是，疏远会使人们变得更加沮丧、脾气暴躁和以自我为中心——从对方的角度来看，这种品质可能没有那么吸引人。伴侣没有取之不尽的资源来给予支持，人们需要有能力来回馈双方的关系。然而，疏远带来的伤痛常常会从人们手中将这种能力夺走。

夫妻双方互相指责

还有一个常见的情况是，疏远的子女对父母当中一方的怨气比另一个大。子女可能会感到与一位父母比另一位父母更亲密或更认同，即使在没有发生疏远情况的家庭中也有这种现象。父母与子女之间在性情或性格上的差异可能会让他们与父母中的一位更合得来。

并不是说对子女来说问题较少的父母本质上就是更好的父母。在某些情况下，子女可能会选择较强大的父母抱怨，因为他们知道他或她能够承受。无论如何，持续的责备或感到被责备都会削弱这对夫妻的整体力量和幸福感。此外，如果夫妻中的一位有以下行为，那么另一位就更会为疏远问题责怪对方：

- 拒绝道歉。
- 不愿意与儿媳或女婿和解。
- 不会听从疏远子女的合理要求改变行为，例如改正自己的脾气，参加和解治疗，或学习如何对疏远子女以不那么冷淡或伤害的方式进行交流。

在这种情况下，夫妻双方对于疏远问题的交流十分重要，即使不同意对方的观点，也应对其立场表示理解，尊重对方的风格。然而很多人都没能做到以下行动，坦诚以待，导致双方关系愈发恶化：

- 没有对伴侣说出自己的感受，将自己感觉的强度清晰地传达给对方。
- 没有告诉伴侣自己希望的回应方式。例如，"我只想让你听我说话，不加评论地反馈。不要有任何建议、批评或对我的抱怨。"或者"我希望你认真听我讲我对于解决疏远问题的看法。请听完后告诉我你的想法。"
- 没有从自己的角度出发来陈述，例如"每次我谈到我们的儿子你都会打断我的话，这让我感到伤心和被误解"或者"当我告诉你我今天不想再谈论我们的女儿时，你无视我的要求，我感到不满"。而是以"你对这件事感到如此痛苦，想开点"或者"我们与孩子之间出现这种问题,这都是你的错"的说法来谈论。

婚姻研究者约翰·戈特曼曾总结婚姻关系中的"末日四骑士":狡辩、批评、污蔑和冷战,当子女的疏远给夫妻间刻下裂痕,这些问题便接踵而至。研究表明,没有任何婚姻能够在持续不断的这类情绪中幸存下来。

与一方的联系破坏夫妻关系的平衡

客观来讲,父母当中只有一方被疏远总比两方同时疏远要好。如果父母双方都被疏远,那么没人会了解孩子的生活情况,至少不是从父母的角度得知的情况。但许多父母会觉得,如果他们允许孩子只看望一位父母,那么他们就是在帮助成年子女搞分裂。这可能会让那位被拒之门外的父母感到嫉妒、怨恨和羞辱——就好像是那位没有被疏远的父母在背后支持着这种疏远。

但是,如果未被疏远的父母同意对方的需求不联系子女,那么子女就会生他们的气,而不仅仅只是其中的一方。子女会认为未被疏远的父母过于软弱,无法与另一方对抗,并且认为他们无法将子女的幸福放在父母的幸福之上。

在这种两难的境地中保持平衡,就如走钢索一样困难。我会建议未被疏远的父母采取循序渐进的方式突破子女的心理防线:"就目前而言,我可以在没有你母亲参与的情况下和你会面。她支持我来这里,因为她希望我们俩当中至少有一个人能够见到你和孙子。不过,说实话我有点夹在中间的感觉,因为我知道她也很想见你。我也能看出,在你准备好时,她愿意尽一切努力与你改善关系。"在尝试修补关系的初期,控制好劝说的频率,每隔几个月提醒一次,潜移默化地造成影响。

随着时间流逝,若未被疏远的父母在子女心中的地位巩固,他们才可以尝试进一步劝解:"已经一年了,我不想用这句话惹你不高兴,但是为什么你现在不能同意与母亲进行几次家庭会谈呢?我理解你的抱怨,但她在很多方面对你来说应该是一位好妈妈,所以,她应该被给予一次与你建立关系的机会。"父母若以恢复家庭关系作为最终目标,只能如此循序渐进,以坚强的毅力和耐力逐渐打开子女的心门,为双方的关系创造新的机会。

以上是一方父母与子女产生隔阂的家庭走向和解的最理想的情况。然而在许多案例中,担任调停角色的一方会难以忍受这种矛盾,在没能稳固其在子女心中地位时便说得过多,或是频率过高,反而导致成年子女转身离开自己。还有一些被疏远的父母试图让受尊敬的祖父母、亲朋好友、兄弟姐妹或其他人为父母说话,给子女施压。然而,成年子女通常只会从中感到压力和被误解,他们撤离得更远,给父母带来更深的痛苦。

★ ★ ★

列举分析疏远关系中父母的遭遇,目的不仅是帮助悲伤中的父母找到解决方案,更是给子女提供一个了解父母的渠道,了解自己可能从未知道的另一面。诚然,有些父母确实在子女的成长过程中给子女造成了终生难忘的伤害，以致子女不得不通过逃避与疏远来找回自己。然而根据我亲眼看到的情况，也有许多子女对父母的惩罚超过了父母应该承受的程度，或者由于双方立场的差异，子女并不知道父母因为自己的选择受到了如此深的伤害，不知道父母在抚养子女过程中已经选择了他们认为的最优解。在下一章我将进一步为亲子双方提供一个全新的视角，帮助两者了解对方没能宣之于口的想法，打开通往和解的大门。

第12章

相互理解是打开和解之门的钥匙

被疏远的父母的观点

成年子女并不是判断其童年时代真实情况的最终权威。

不是说你在调查表中勾选了几个方框，就能断定我是自恋者。

实际上，你真的应该感谢你的父母。

疏远与你的孩子交流但从未虐待过孩子的祖父母涉嫌虐待儿童和虐待老人。

除非你的治疗师见过我，否则他们对我的诊断可能是完全错误的。

如果你的配偶要求你疏远原本与你相处融洽的善良的父母，则证明你的婚姻很差劲。

责怪我没有遵循在抚养你时根本不存在的育儿标准是荒谬的。

伤害你的感觉与虐待你是两码事。

> **疏远父母的成年子女的观点**
>
> 父母不是判断我童年时代真实情况的最终权威。
>
> 因为你曾经为子女做出过牺牲,所以你有权要回你想要的一切,这种想法永远会适得其反。
>
> 和你的孙子女在一起是一种特权,而不是权利。
>
> 除非你的治疗师见过我,否则你从他们那里得到的关于我的诊断可能是完全错误的。
>
> 你对我希望你当时能换一种方式养育我的想法缺乏同理心是错误的做法。
>
> 威胁要将我从遗嘱中剔除并不会真正威胁到我而让我产生和解意愿。
>
> 不能因为你对子女的养育比你的父母对你做得好,就认为你没有伤害我。

了解彼此内心深处的真实想法,是双方实现和解的指南。你不必欣赏或者同意这些观点,但必须了解它们。在当今的美国,子女是制定家庭生活规则的人,而且这种现象比美国历史上任何时候都要突出。正如父母在赢得成年子女的爱与尊重中会遇到重重阻碍一样,子女要了解年迈的父母的心态也充满困难。

成年子女的视角——疏远与追求幸福

成年子女是在以疏远为策略追求幸福的生活。当今时代,美好成人生活的传统标志——从稳定的工作到稳定的婚姻——这样的模式已经变得摇摇欲坠。年轻人自然会将目光集中在他们依然可以控制的一件事上:追求自己的成长和满意的生活。

例如,美联储经济学家的一份报告显示:"千禧一代不如前几代人年轻时富有。他们拥有较低的收入、较少的资产和财富。"尽管这是迄今为止受教育程度最高的一代。2018年,甚至更年轻的美国成年人的幸福感也已降至25%——这是美国综合社会调查(美国社会生活的一个重要晴雨表)有记录以来的最低水平。在2018年,只有22%的年轻男性和28%的年轻女性表示"非常幸福"。与此同时,我们正在目睹精神疾病发病率的飞速上升,尤其是在高收入水平的女性中。而这些结果是发生在酗酒和滥用药品的情况减少以及经济收入增长的时期。总之,年轻一代有充分的理由将自己的幸福优先作为重要的目标。

每当我终于能够让一个成年子女和被他或她疏远的父母同处一室时(有时我会让他们在一起的次数尽可能多一些),我会希望父母能够理解,在成年子女眼里,疏远对于他们克服心理障碍和获得幸福感的重要性丝毫不亚于与子女和解对与父母的重要性。除非成年子女与父母之间的关系发生根本性的变化,否则就不会有治愈的可能。

父母的视角——难以宣之于口的道歉

在各种人际关系中，我们都很少会以非黑即白的方式向他人道歉。在大多数情况下，只需表达出良好的意愿，解释一下为什么会做出那种有害的事，然后表示对不起，就足够了。但是，父母向成年子女道歉时可能会遇上许多意想不到的困难，子女可能会指责父母不诚实，粗暴地拒绝道歉，或者说父母没有承担起足够的责任。

父母们还会遇到各种其他问题：许多父母不认为自己有任何地方需要道歉或者赔罪的，还有一些父母会纠结于子女对自己的指责的对与错，而不去试图理解隐藏在其背后的情感。因此，我想就这个话题提供一些说明。

为什么让父母道歉如此困难

1. 父母不认为自己有错。许多父母都在自己没有做错任何事和自己即便有错也不至于被疏远这两种想法之间纠结。由于双方立场与观念的不同，他们很可能并不认为自己遭到的对待是应该承受的。

2. 想到自己的错误会让父母自我感觉很糟糕。大多数被疏远的父母本身就有强烈的自责、内疚甚至自我厌恶的情绪。让他们思考自己的错误，无论这些错误是真实的还是想象的，都会触发他们的这些情绪。因此，诉诸道歉就像是一种自我折磨式的锻炼。

3. 父母担心道歉会被子女用来对付自己。许多父母担心，如果他们承认自己的错误,他们的成年子女会借此对他们进行猛烈攻击。尽管这种担忧很容易理解,但其实我很少看到这种情况的发生。大多数情况下,子女会对愿意承担责任的父母心存敬意。

4. 父母担心这会让子女变得不成熟或者更加不成熟。他们没有意识到,子女选择疏远就是已经划出了一个很清晰的界线,表明他们需要从父母那里得到不同于的东西。他们往往认为子女的行为是出于一种不成熟的心态,而承认错误会助长这种不成熟。

5. 父母担心这会进一步助长前任唆使子女与自己作对。正如第3章的例子,在因离异造成子女疏远的家庭中,阻碍父母向子女承认错误的根源往往是父母害怕将子女推向另一方。

父母不圆满的道歉

由于以上原因,父母即使选择通过主动道歉来寻求和解,也经常与子女的期望不吻合。道歉中存在的这些问题不仅无法达成目标,可能还会给双方的关系制造新的裂痕:

(1)**不够深刻**:子女无法接受父母道歉的一个最普遍的原因是,父母并没有以一种非常坦率的方式简单明了地承认自己的错误。他们不是像这样表达:"是的,我可能是个控制欲很强的人。我能理解这对你来说有多不容易。""是的,离婚确实使你遭受了很多痛苦,经历了很多事情。而如果我们没有离婚,你就不会遭受这些痛苦。我必须为此承担责任。"或者"是的,我本应该更多地保护,不让你受到继父的伤害。我做得不好，你有权对我感到失望。"相反，他们的说法听起来似乎完全是成年子女误解了："你觉得我是个控制欲很强的人，对此我很抱歉。"或者"你觉得我应该更多地保护你，对此我很抱歉。"

然而，对于成年子女来说，自己的看法不是误解。比起推脱，子女反而更希望看到这种"放马过来"的态度："哎呀，是的，我也是人，是人都有缺陷。我真的很理解为什么这让你感到很痛苦。"但是，父母潜意识的逃避有时会不自觉地出现在道歉信当中。

（2）自我辩护：在疏远的关系中，父母对自身行为的辩解往往会让子女更加抗拒和解。但事实上，父母很难做到在听到孩子的抱怨时不为自己辩解。唉，实际上听到任何人的抱怨我们都很难做到不为自己辩解。没有人喜欢感觉到自己让某个人失望，尤其是当这个人是我们所爱的人的时候，尤其是当这个我们所爱的人是我们自己的孩子的时候。因此，父母总是忍不住想证明对方的观点是错误的，即使是在道歉当中。

（3）解释："我是单亲妈妈。我们没有多少钱。我当时在做两份工作。那时我们对孩子们的需求不太了解。"尽管在一般关系中，子女或许会因为类似的解释而同情、接近父母，但在一段疏远的关系中，父母的解释无论多么符合人性，都偏离了重点。子女真正想要的不是父母的解释，他们希望父母理解他们的感受，不要陷入对与错的辩解；想要看到父母表示同情，尽量理解。但这对父母来说是一个巨大的盲点。

（4）指责子女：许多父母会以指责子女来回应他们对自己的指责。"你以前有很多问题。你是个很难管的孩子，很叛逆。你患有多动症。"

子女渴望的是感受到父母的理解,而父母却想通过指责,证明自己并不是全部责任的承担者。

(5)**指责他人**:许多父母在道歉时会将责任推到他人身上:"这是你爸爸的错,你妈妈的错,你爷爷奶奶的错。"无论这些指责正确与否,子女都会感到父母无法或者不愿承担任何责任。

子女可以试着接受父母的道歉

1. **道歉表明对对方的在乎**。父母可能已经以各种方式表达过自己的重视,但是,道歉是一种直面自己的过错、打破内心壁垒的行为,表示父母为了挽回关系在积极寻求方法。

2. **道歉需要勇气**。你应该听过说那句老话:只有足够强大的人才能说出对不起。父母能够为自己的选择或行为对子女造成的伤害承担责任,甚至以写信的方式表达悔意,需要极大的勇气。

3. **发现自己的责任所在**。"你总是不在。""你总是那么自以为是!"父母常常会对彼此记忆的偏差程度感到惊讶。他们会认为自己的行为有正当的理由,或是子女的指责超出了他们应承担错误的限度。诚然,子女可能会放大自己,以获得父母的重视,但无论是何种原因让父母忽视了子女,对于子女来说就是有问题。承认错误并道歉,不仅是承担责任,也可能帮助父母意识到自己的错误。

4. **两面性的现实**。道歉表明父母最终懂得了家庭生活的本质,即两面性的现实:一方面父母确实没能注意到孩子的需求和想法,而另一方面他们又有足够的力量去承认错误,而不是表现出一副无懈可击的样子。

5. 父母在寻求自我宽容和自我同情。一个人能够做到原谅自己犯的错误,部分原因在于他感觉自己已经尽最大可能去纠正错误所造成的后果。如果父母认为自己伤害了孩子,那么有可能会认为自己余生就该受苦。而如果父母知道自己已尽一切可能与孩子联系,并且努力为其所犯的错误道歉,那么他们就获得了一种最强大的疗伤方式,这种方式不仅可以医治父母与子女之间的关系,而且还可以医治他们与自己之间的关系。真正的子女抚育过程是一个布满了犯错危险的雷区。任何一个人在走出这片雷区之前,都会犯下数不清的错误。道歉也是父母尝试与自己和解的一种方式。

6. 以身作则。好的父母必须能够勇敢地面对自己的缺点。通过一封道歉信,他们也在试着向子女传达:我们不需要做到完美,我们有能力承认自己的不足。

7. 平等的关系。道歉表明父母希望与子女建立平等的关系,在这种关系中,子女可以就希望将来父母如何对待他提出要求,同时解决过去在这方面出现的问题。

父母与子女之间的分歧点

由于近几十年来社会环境的变化,父母与成年子女之间往往存在着不仅限于年龄因素造成的种种分歧。人与人本就各不相同,价值观的发展、育儿观念的改变、家庭关系的变化……这些更是给成长时代截然不同的双方的思想上嵌下巨大鸿沟。这些分歧点潜移默化地影响着父母与子女处理彼此关系的方式与对亲子关系的认知，导致疏远的发生，并为和解增添困难。

父母与子女之间不对等的关系

在疏远问题中，父母与子女通常处于不对等的地位，对于来我这里咨询的大多数家庭而言都是如此。在真正公平的条件下，其应对方式应该类似于在处理与挚友、配偶或其他人的关系时所采用的方式——彼此说出自己的观点，谈谈自己是如何感到受伤害或是被误解，双方齐心协力试图把事情弄明白，然后理想的结果是，双方不计前嫌，关系比以前更加亲密了。

然而，在解决疏远问题时，情况就完全不同了。尽管许多成年子女想要一种平等的关系，但现实情况是，子女理想中的关系对父母来说并不公平。父母们之所以在疏远问题上犯错，原因之一是他们一生中从未遇到过这样的事情。处理疏远问题所需的规则和准则也是在生活中其他任何关系里从未遇到过的。真心的为子女付出过的父母，应该获得更多。

- 如果公平的话，父母应该可以提出关于自己可以有多少时间去看望子女或孙子女的要求，可以索要更多东西。父母可以为自己在子女成长过程中犯过或者仍然在犯的错误寻求更多的同情和宽容，应该可以要求更多的承诺。

- 如果公平的话，父母应该会为自己在孩子身上花的金钱，以及离婚后所付出的更多的时间和精力，获得荣誉和赏识。

- 如果公平的话，父母应该会为自己成为一名和自己的父母一样优秀，甚至比他们更优秀的父母，获得荣誉和赏识，为自己在子女小时候和成年后给予他们没有任何人给过自己的机会和经验而获得荣誉和赏识。

- 如果公平的话，子女应该会明白，当父母说自己已经尽力而为时，他们说的是真心话。子女也应该能理解，人们只有在遇到过好的榜样，有共同抚养子女的父母，以及用于抚养子女的经济和情感资源的情况下，才能做好父母。

- 如果公平的话，父母应该有权谈论子女自身存在的问题：他们自身如何让抚养变得艰难，或者他们的伴侣让自己难以接近，将子女与其疏远。如果公平的话，父母应该可以就这些问题发表意见。

然而解决疏远问题时，父母没有这些选择；相信公平原则会成为父母的障碍，会让他们变得更加苛刻，更加不满。他们会过多地谈论自己感觉多么痛苦、悲伤和孤苦，而这一切都不会有太大用处。

比较能够接受的态度是在子女两三岁时所采用的——我这样说没有对成年子女的任何不尊重，我的意思是，这对父母不是一种可以提出要求、谈论感受的平等的关系——一切都是那么失衡，父母感觉被错待，被冷落，被忽视和愤怒，围绕这个话题来我这里咨询的成千上万的父母都是如此。

这种关系需要父母表现出一定程度的无私，不期望得到太多回报，接受所有这一切的单行道特征。从这个意义上说，它实际上并不适用于幼儿模型，因为至少孩童会报以微笑或爬到父母腿上。而成年子女不会这样做。

这种关系也需要父母锻炼极大的耐心，因为没有什么比被成年子女抛弃更令人感到气愤、羞辱和具有破坏性的了。这需要耐心，因为它需要时间。

父母错误地给子女施加内疚感

过去，父母有权对子女提出要求，并且说："你没有给我打电话。发生了什么事？"或者因子女没有信守诺言而表达出某种形式的道义上的愤怒，通过给子女施加内疚感让其听从自己。然而，如今的社会和文化正在变得越来越个人主义，这就意味着人们在评估关系时会以它是否能让自己感觉良好，对自己感觉良好，或者对自尊心和人格发展有益为依据。在这种背景下，内疚感只会产生反作用。

我诊所里的一个案例可以用来解释为什么说父母会习惯性给子女施加内疚感，以及这对双方关系的负面影响。

女儿（24岁）：在你像我这个年龄的时候，你每天打电话给奶奶是因为你想打电话给她，还是因为那是她想让你做的事？

母亲：我想打是因为她希望我这么做。你知道，我和她不太亲近，但是我觉得这是应该做的事。

女儿：是的，但是我不希望我和你之间是这种关系。

治疗师：你现在想和妈妈建立什么样的关系？

女儿：如果我想打电话给她，我就会打电话给她。如果我不想打，我也不希望自己被强加上内疚感。

从这段对话我们可以看出，女儿认为出于义务而打电话给母亲的行为与她诚实正直的价值观背道而驰。她认为，为双方关系的规则制定一些基本的指导原则是她成年和独立的合理体现。她还认为，她讲给母亲听的是一种有用的，也可以说是有爱的观念，这种观点可以帮助她改善与她的关系，而如果母亲是明智的，她应该考虑接受这一观点。

尽管母亲对女儿认为义务是负担的看法感到伤心和不满，但她也意识到女儿的行为正是自己从小对她对教育的结果：忠于自己，做事不要出于内疚或常规，因为这会阻碍你的幸福和成功；还有要诚实，即使会让你受伤，诚实也比虚假的自我表述更为可取。

母亲之所以采用这种价值观来抚养女儿，是因为作为一名五六十年代的女性，她非常不喜欢自己服从、尽职和容易内疚的性格。她一生中的大部分时间都在承受着这些压力，所以她希望确保女儿不会再遭受同样的痛苦。她还观察到，与那些比较沉默寡言的女性朋友相比，更加自信和果断的女性朋友在工作中的表现往往更胜一筹。

尽管母亲为自己保护了女儿不受这些束缚的制约而感到欣慰，但是对于女儿没有更积极更迅速地回应她的需求，她却感到非常不满，并且特别明显地流露出了这种情绪。母亲之所以如此不满，是因为她为女儿提供的生活远比她自己父母曾经给予她的丰富得多：包括出国旅行、私立学校、家庭教师、大学学费，以及在她那一代只有在乏味的电视家庭剧或情景喜剧中才能看到的、充满爱心、富有奉献精神的抚养方式。

母亲自己还进行了多年的心理治疗，希望能够成为一个比她自己的母亲更好的母亲。她之所以这样做，部分原因是她害怕犯与父母同样的错误。这种在育儿方式和童年生活方面的比较——"与我小时候的条件相比，你不知道自己有多幸福"，有时是用语言表达出来的，而更多时候是感觉到的。这种比较是与女儿发生冲突的根源，因为母亲从小接受的教育是尊重权威、顺从家庭义务的要求，而女儿从小得到的教育是将此二者视为对幸福和独立的限制。

这位母亲的例子让我们看到许多父母所处的窘境。他们不知道自己可以指望从对子女史无前例的巨额投资中获取什么样的回报。虽然在某些年代，成年子女会找不到工作，搬回到父母家中住，或者长期待业在家，但是他们从未经历过这样一个时代：这个时代有着如此精心的子女教育，有着对子女的社会化如此强烈的关注，以及对自我实现和自强能力如此之高的期待，这种期待不仅来自子女自身，而且来自他们的父母。

与之相对的是，在当今的环境下，有这样一种强烈的意识：如果一段关系不能让你对自己感觉良好，或者让你感到内疚或不愉快，那么就应该彻底把这个人（哪怕是父母）排除在你的生活之外。这种决定被认为不仅是合理的，而且是勇敢的。因此，当父母以自己的经历为依据来使用内疚感作为武器，子女会感到更加不愿维持这种关系。内疚感成为了让双方隔阂加深的根源。

父母有时不理解子女

许多被疏远的父母都对他们的成年子女感到气愤。他们感到自己被贬低，被误解，被利用，被当作没用的东西踢开；就好像子女将他们最纯真最脆弱的部分拿走，倒上汽油，点一把火，然后站在那儿看着它燃烧。父母感觉自己因一些从未做过或者说过的事情而受到责备，或者即便是做过，也完全可以用他们多年养育子女过程中所做的充满爱与奉献精神的事情所抵消。

上述关于那位母亲和她20岁女儿的例子说明，无论父母与成年子女之间现有的关系多么健康，在许多家庭中，仍然存在相当多的困惑、不确定性和冲突。

如果说父母的目标是与成年子女建立亲密而持久的关系，那么这些文化差异便突显了当今父母实现这一目标的极不稳固的基础。而且可悲的是，没有什么比子女的疏远更能促使父母犯下更多的错误。

成年子女会因各种各样的原因对父母说出特别伤感情的、残酷的话。坦率地说，成年子女及其配偶对父母所说的一些话会让我感到震惊。但是，从另一个角度来看，成年子女是在试图表达一些与自己的生活或者与父母的关系有关的重要的东西，他们缺乏足够的技巧去更老练地表达，而选择以这种伤人的方式脱口而出。

除此之外，他们正在试图梳理过去，而且只能通过指责父母、观察父母的反应才能了解事情的真相。父母表达愤怒，或者采取防御姿态，都只会火上浇油；而越是以一种尊重的态度回应他们的抱怨和想法（通过对他们的思想和感情给予认真思考并表现出兴趣），就越会有利于弄清楚问题。

然而，在这类问题中，许多父母选择了相反的道路。他们看不透子女伤人的话语背后的意图，在情绪的驱使下以愤怒还治愤怒，最终不会取得任何成效，不会为改善关系创造可能性（如果这是父母的目标的话），同时自己也在变得烦躁不安。让心情平静下来十分重要，然而这并不是一件容易做到的事。

与子女争吵后的时日，对大多数父母来说更是极为艰难。这是因为与成年子女的争吵可能会让父母自问：

- 我本可以做些什么？
- 我本应该做些什么？
- 我应该被这样对待吗？
- 我哪里做错了？

自我怀疑和自我折磨是与采取辱骂或不尊重行为的成年子女争吵的可预见的后果。心理失衡的状态会形成一个负面的反馈循环，让父母离与子女和解的初衷越来越远，掉进痛苦的漩涡之中。

子女是父母愉悦欢喜的核心之源

到子女成年的时候,父母的生活已经基本定型。也许他们刚刚离婚,在谈朋友,有了新的职业,但是人生基本不会再有太大的变化。成年子女有太多被看作与父母个人化有关的行为,实际上与父母几乎或者根本没有关系,尤其是在人们比前几代人更渴望亲密关系的当今时代。

成年子女的许多行为其实与父母没有任何关系。他们仍在忙于弄清楚自己是谁。他们正在抚养自己的子女,维护着自己的家庭关系。他们正在发展自己的事业。他们可能会遇到自己的情感问题,而这些不一定与他们的父母有关。另一方面,如果成年子女善待父母,那么他们会成为父母的最核心愉悦欢喜之源;如果他们与父母很亲近,那么他们会成为父母全神贯注的焦点;而如果他们将父母拒之门外,那么他们会成为父母最核心的痛苦之源。

总之,子女始终都在父母的脑海中,而父母却并不总是在子女的脑海中。这倒不是因为子女不爱或不在乎父母。我在治疗工作中听到许多与父母疏远的成年子女说:"我真的爱我的父母。我实际上会有一种内疚感。我为他们遭受的痛苦感到难过。"而与这些话同时存在的是,他们对父母的种种抱怨和与父母疏远的需求。

但是在大多数情况下,他们并不是不在乎父母。事实上,子女的心里一直有父母的存在,只是不在他们意识的最前端。然而,处在被疏远状态中的父母很容易会以为自己的成年子女不仅讨厌自己,并且还完全忘记了自己为他们的成长所做的所有美好的事情,所有的无私奉献。而且，在认真对待他们的抱怨之前，父母也往往并不知道他们的真实想法或感受。

★ ★ ★

由于这些难以解决的问题，和解的工作有点像是个雷区，需要换一套思维方式来应对。鉴于此，我提出以下**父母与成年子女关系的十项新规则**，以供双方参考。

规则1：对于两者的关系，成年子女比父母拥有更大的决定权，因为他们退出的意愿更坚定。根据基本博弈理论：越不在乎的人权力越大。

规则2：父母与成年子女之间的关系应该建立在一个能给人带来幸福感并且有助于个人成长的环境中，而不是一个由义务、情感债务或责任构成的环境中。

规则3：父母不是评判自己为人父母的表现的唯一权威。成年子女可以有他们自己对过去的叙述和看法。

规则4：内疚感或者批评不会帮助父母从成年子女那里得到自己想要的任何东西，尤其是在被疏远的情况下。

规则5：学习使用平等的、注重心理的和有自知之明的方式进行交流，这对于父母与成年子女建立良好的关系至关重要。

规则6：父母抚养子女的时候是他们的父母，而且直到去世之前始终是他们的父母。是父母将子女带到这个世界上来。这意味着，如果子女不愿主动和解，那么只能是父母来做积极主动的一方。

规则7：对子女的大量经济和情感投资，并不意味着父母有权获得超过子女意愿的来往或者亲情，尽管这似乎是不公平的。

规则8：父母批评子女的配偶、恋爱伴侣或治疗师，是导致双方疏远的一大诱因。

规则9：父母批评子女的性取向或性别认同，是导致双方疏远的一大诱因。

规则10：并不是说父母有不幸的童年并且比自己的父母做得更好，就可以认为成年子女应该容忍他们所认为的受到的伤害。

和解是一条漫漫长路

相互疏远的成年子女与父母要想重新走向和解，一般需要花费数年而不是数月的时间。不过，如果能及早发现并处理，有时也可以更快些。但如果疏远问题已经存在了一段时间，那么通常就需要较长的时间才能解决，这将是一场马拉松。

这一漫长的过程无时无刻不折磨着想要挽回关系的人。来咨询的父母经常问我："我什么时候可以说出我的感受，或者说一句'受够了'？"我告诉他们，想说的时候就说。我在治疗过程中曾经支持父母对子女说："我受够了。我没办法再应付这件事了。太痛苦了。我感觉你对我太不尊重，太冷漠，太残忍。我放弃了。"除非子女是未成年，否则我认为父母有权这样做，并在某些时候应该说出他们已经努力了，而且足够久了。

但是，如果仍在寻求和解的道路上，说出这些话可能意味着为双方关紧了通往和解的大门。父母要想说出自己的真实感受，要等到双方的和解已经有了充分的坚实的基础的时候。也许需要等一两年的时间，也许永远都等不到，这取决于子女的态度。而在那一天到来之前，父母会一直被困在焦虑与惶惶不安之中，直到实现和解的目标，或是就此放弃这个给自己的生命带来最大的快乐与痛苦的存在。

和解就是万事大吉吗

即使父母与子女通过不懈努力实现了和解，仍然可能遇到数不清的问题。如果疏远曾经发生，那么其背后的矛盾可能仍然存在，并且有重新被触发的可能性。这是因为：

- 如果一个人能做出一次疏远对方的决定，那么他或她就会比从未有过这种念头的人更有可能再做一次。
- 即使在和解后，疏远的矛盾也很少能完全得到解决。
- 疏远给人心里留下的愤怒或者伤痛，会导致他们的反应或者回答进一步引发与家人之间的冲突。

子女回避冲突

一些成年子女之所以选择疏远是因为他们一向回避冲突。他们不知道如何处理家庭生活中正常、普通的磕磕碰碰，因此他们会关闭心扉，退缩回自己的空间，同时积累着不满和怨恨，直至除了与父母中断联系之外，别无其它路径可走。这种情况下，父母只能更加细心，仔细查找是哪些问题引发了矛盾冲突，并且在子女反应异常的时候，询问有关情况；而子女也应试着去回应父母的疑问，为双方的交流和相互理解建立通道。

举个例子，父母去儿子家看望他们。当父母和孙子一起玩的时候，儿子有些不高兴。父母没有当面点出，而是在第二天对孩子说："昨天我和雅各布一起玩的时候，你看起来对我有些生气，对吗？"习惯于避免冲突的子女可能会撒谎并否认。为了打破隔阂，父母进一步询问："你确定？我不知道我和孩子的互动是否在什么地方困扰了你，而这是否也说明还存在一些你希望我改进的其他方面。希望你知道，你可以对我直言不讳。也许以前我在这方面做得不够好。"父母努力表达自己要求的合理性，并阐明自己是一个愿意自我改进的人。

尽管如此，还是有许多成年子女不愿意谈论究竟发生了什么，因为他们可能并没有完全理解自己的想法；也可能担心父母会由此更多地与他们交流，超过他们能够容忍的限度；或者他们对此感到内疚，潜意识不想知道这让父母感到有多难过。然而，恰恰是这种逃避与封闭的态度，让父母难以看清子女的真正想法，想要弥补隔阂却有心无力。

父母会担心再次发生疏远

在实现和解后，父母很可能仍会保持着小心谨慎的态度。他们担忧会再次出现同样的问题，甚至是对子女抱有惧怕心理，且为此感到羞耻：刚刚遭受了一次重大创伤，因此感到害怕、伤心甚至愤怒在某种程度上是正常的和可预见的。

对于大多数父母来说，他们最担心的是疏远的再次发生。对于那些认为造成疏远的原因相对微小或者偶然的父母来说尤其如此。然而，即使疏远的原因很严重很明显，大多数父母还是会因担心它可能会再次发生而终日惶恐不安。

父母只能努力去接受这一现实。对自己说："是的，他们确实有可能再次疏远我，而如果这事真的发生，我会非常难受。但是这种事情不是我能百分之百掌控得了的。"提醒自己，无论结果有多痛苦，他们已经成功挺过了第一次，那么如果还有第二次的话，也一定能挺过去。

另一个常见的情绪是愤怒。对于许多父母来说，在我针对和解初期的建议中最难以接受的部分是：不能说这件事让他们遭了多大的罪。许多父母，尤其是父亲，会对子女给自己以及配偶的生活造成如此巨大的不幸感到极度愤怒。

即便在和解之后，父母也无法向子女倾诉自己为此受了多少罪，因为害怕会加剧疏远的风险。有些父母克制不住，对子女大喊大叫以发泄长久以来的痛苦，却让大门再次关上，陷入再一次的绝望中。

为了保护这来之不易的成果，父母要在见到儿子或女儿之前把这些负面情绪处理掉。他们打电话给朋友，对他们倾吐对于孩子在自己面前行为不佳的怨气；给子女写信抱怨，然后不发出而是把它烧掉；健身；打坐。如果在某一刻想要发火，便立刻到外面去，去洗手间，或者转身离开。他们努力忍耐不在子女面前表现出怨气，直到非常有把握地确信，彼此的关系已经有了坚实的基础——而这通常需要几年而不是几个月的时间。

关系进入新常态

我经常会和我的朋友们谈论他们与未疏远的成年子女之间的关系，因为即使从未发生过疏远，他们中的许多人也还是会经历某种程度的冲突和失望。事实上，在如今的美国家庭文化中，亲子关系已经步入了一种"新常态"：主动权始终由子女掌握。尤其对于与子女重新和解的父母来说，并不能想什么时候听到子女的消息就什么时候听到，想什么时候见他们就什么时候见到，或者想让他们的回应有多积极就有多积极。有些父母很幸运，因为他们还拥有其他更有时间陪伴自己、更在意自己的孩子。疏远过的子女不会和他们一样，也许有一天会，但肯定不会很快。但是，能够让子女重返自己的生活，对他们来说已经足够幸运。

多位与子女重新团聚的父母都曾与我提到，和解并不像他们想象中那般美好。由于处在主导的位置，子女可能依旧以无礼或轻蔑的态度对待他们，让他们感觉受到威胁；父母可能会感到子女的不满情绪或距离感依然残存；甚至在一段时间内持续听到关于他们或其行为的抱怨。他们以为和解是这场漫长旅途的终点，但这只是开启了另一段名为巩固关系的征程。在这一过程中，父母所感受的焦虑、不安并不比在遭到疏远时要少，但为了保护这一来之不易的成果，他们甘愿忍受。尽管很难感同身受，但如果子女能够对这些复杂的感受多一些理解，并试着与父母共同踏上这场征途，那将是对处于不安中的父母来说最好的安慰。

AFTERWORD 后记

> 真正的财富是社会性的,而不是物质性的。
>
> ——乔纳森·劳奇,《幸福曲线》

我的父母属于上一代无忧无虑的中产阶层父母。他们不会担心自己失去权威,不会把自尊心建立在为人父母的表现上,也从没有为我的未来处心积虑。我和我的兄弟们每天可以看好几个小时的电视,早餐时吃大把的白糖,多得让人发怵。夏天的早晨我们会从家里消失,然后骑自行车回来吃午餐,然后黄昏之前再次消失。没有好奇又讨厌的邻居主动向我们提出有关如何限制我们行踪的建议。这是那个镀金时代,"有毒父母"的概念还没有在民间成形。

我的父母也有他们自己的生活。我的母亲每周都会和"女孩们"(她在"神殿姐妹会"里的朋友)一起打麻将、玩儿桥牌。父母每周末都会出去共度美好时光,只是并不将其冠名为"约会之夜"。我父亲经常周末去市中心的基督教青年会打壁球,丝毫不担心我和我的兄弟们是否会感到被忽视。他们舒服愉快地被我们忘记，而我们也舒服愉快地被他们忘记。没有互联网传播令人恐怖的每日新闻：发生在萨斯喀彻温省的绑架事件，发生在布恩维尔的儿童谋杀，以及如果你方法不对头，就要提防你的青少年孩子可能会输在起跑线。

作为20世纪50年代中期的年轻父母，我的父亲和母亲更多是受到本杰明·斯波克宽容、放任态度的影响，而不是在其后出现的行为主义者严厉的、惩罚性的做法。尽管他们没有打过我们，但我们能读懂他们的表情：要么赶紧撤，要么承受后果。他们很友好，但我们清楚自己在长幼秩序中所处的位置，不会弄错家里面谁是权威人物。我们也很幸运，因为当时的许多父母仍然将父母的权威当作控制或体罚孩子的许可证。

到了20世纪60年代，家人之间的关系向更友好的方向转变的趋势开始缓慢加速。对权利、自由和自我表达等那个时代的主流思想的关注也让美国家庭变得更为民主化。父母，尤其是中产阶层的父母，开始越来越多地关心子女的内心生活：增强他们的自尊心、自信心和个体性。帮助他们减少内疚感或义务的困扰，或者以此作为动力。孩子们继续从被要求不许多嘴转而向家庭生活中心的地位转变，而且这一趋势一直畅通无阻地持续到今天。

但是，我父母这一代的中产阶层母亲和父亲之所以不那么担心，其主要原因是因为他们没有那么多担心的理由。尽管那时乡村地区仍然存在令人心痛的贫困，种族歧视仍然限制着许多人的机会，但是人们能够感受到大萧条和战争结束后的共同牺牲和共同胜利。种族隔离正在缓慢解除,收入分配变得更加平等。在美国,雇主通常会提供医疗保险,而且许多工作都提供了养老金的保障。一个只有一人在职的中产家庭可以供两个子女上大学,而大多数蓝领工人的工资可以支付基本生活,从而减轻了大学作为一种步入社会的路径的必要性。而且当时大多数父母都认为,如果他们的儿子能够养家糊口,那么他们的女儿应该能够被未来的丈夫养活。

然而在美国家庭看似光明的未来之下却是暗流涌动。这些力量所造成的变化就如同天气变化一样,起初几乎无法察觉,直到它突然加速和加剧。战后关于一代定比一代强的共识开始消失。越来越多的新研究表明,这种因工会、基本生活工资、养老金和医疗保险的减少以及社会不平等现象而导致的转变对家庭成员的幸福和寿命产生了深远的影响。家庭历史学家斯蒂芬妮·孔茨指出,前几代人的经济安全网的崩溃导致了心理安全网的崩溃。今天的子女罹患精神疾病的比率比以前更高,今天的父母也比前几代感到更加焦虑和困扰。

因此,难怪我们会看到,今天美国面临被驱逐的贫困家庭的数量比大萧条时期要多。与1975年的普通双亲家庭相比,现在平均每个双亲家庭的工作时间延长了26%,即每年工作时间增加了700个小时。这个数字比其他任何西方民主国家的工人都高。

中产阶层父母尤其感到困惑。一方面,他们拥有我父母那代人无法想象的奢侈品——更漂亮的房子,更高级的汽车、电脑、手机;另一方面,为了维持自己的地位,他们需要加班加点、加倍努力工作,需要取得越来越多的学位和资格,同时也会敦促他们的子女这样做。从医疗保险到大学教育等保障费用的成本的飞涨,也增加了他们对子女未来前景的担忧。

理解的力量

耶鲁大学政治学家雅各布·哈克指出,自20世纪70年代末以来,始终存在着一种巨大的风险转移:家庭支持的责任已经逐渐从政府和企业转移到父母的肩上。其他国家并没有急于做出这种改变。几乎其他所有西方工业国家都仍然会提供免费或者有补贴的学前教育、学校午餐、大学教育、健康保险、职业培训和养老金。如果说在社会不平等程度较低且家庭支持程度较高的国家拥有(并且确实有)更高的幸福指数,这在很大程度上是因为他们有更多值得高兴的事情。尽管人均GDP排名靠前,但美国儿童的幸福度却没有这么好的名次。大多数其他西方工业化民主国家并不认为一切都应当由父母承担,而是认为社会完全有责任帮助父母。

随着机会的减少,关于个人责任的讲述和文化上对寻找幸福感的重视也在日益增多。人们越来越强调将子女的命运归咎于父母,而不是归咎于通往安稳未来的社会和经济途径的日渐消失。

社交媒体已成为一个巨大的传播平台,其传播的个人主义信息时而是有害的,因为它可以让人们有一种与他人在一起的体验,同时又省却了面对面关系中所需的时间投入或者麻烦事。在社交媒体出现之前,只有兄弟姐妹或其他关系亲密的家庭成员或者朋友才对我们关于家人言论的正确与否发表看法。如今，有无数的线上论坛随时准备证实你的家庭对你有害而你需要摆脱它的观点。如果这些论坛（无论好与坏）能够告诉你你的父母是否是个自恋的人、一个边缘人，或者有毒有害，那么它们也可以告诉你你的子女是否懒惰、敏感或者过分认为自己享有特权。

如今，社交媒体和在线论坛就像是某种让人神经错乱的亲戚，在我们与家人之间出现问题时，为我们出谋划策或者肯定我们的做法。然而，家人和亲密朋友的言论毕竟是以某种程度的信息和利害关系为基础的，而论坛则不然，它们的作用更多是为我们渴望得到证实和宽慰的最不顾一切的本能提供支持。然而，这些"社群"的部落性质常常会对家庭起到分裂的作用。

对家人抱以很高的期望无疑是很重要的。借此我们可以认真思考自己最深层的价值观，并且让自己置身于同样体现出这些原则的家庭成员当中。它可以帮助我们剖析自己个性的来龙去脉，并且请求亲人能够更多体谅我们的需求、情感和愿望。今天，许多父母与成年子女之间频繁的积极接触证实了这一努力的成功结果，同时也证实了更加民主和平等的家庭风气的存在。

与此同时，高期望值也可能会使家庭关系变得更加脆弱。我们会因此而过度期望，并且在家人不能给予我们更多的时候对他们心怀憎恨。它也会让我们相信自力更生的神话，崇尚孤军作战的心态，以及掩盖与他人（通常包括家人）联系对于我们的幸福、生命的意义和健康的重要性。离婚率、疏远和孤独感的存在都证实了这一点。

也许更重要的是,使用个人主义的指南针去寻找幸福——无论是线上还是线下——并不总是会把我们朝最大满足感的方向指引。

我经常会在访谈中被问到这样的问题:你认为疏远是好是坏?有道理还是没有道理?每天与哭泣的被疏远的母亲,有时甚至是父亲,同坐在我的办公室里,我得出的结论是,这些都是错误的问题。正确的问题应该是,如果你知道与父母不来往会毁了他们的生活,无论他们的缺陷或失误是严重还是微小的,会造成心理创伤的还是意料中的,都会给他们带来无尽的心痛、失落和羞耻,他们所遭受的心理上的损失与子女物质上的损失同等严重甚至更严重,而且他们的这种损失会造成持续的抑郁和痛苦,如果知道这些之后依然要终止与他们的来往,这种做法对吗?

"是的,可是,他们在生养之前就应该想到这一点"是一句常听到的反应。也许。但是这句话附带着很多假设。是否有任何人有能力在他们要孩子之前就能预见到自己或者他们的子女即将面临的挑战?他们是否知道与之结婚的那个人以后会出卖自己或唆使他们的子女反对自己?他们是否会知道自己的童年创伤的魔爪会延伸到现在,导致他们自己受到创伤的同时,也像制造创伤的父母曾经对待自己那样对待自己无辜的子女?他们是否知道他们的子女自身可能会在性情、性格或注意力方面存在问题,因而让抚养他们的任务变得几乎不可能?

对个人的需求和权利的热爱掩盖了对此孜孜以求的人们所留下的悲

伤。我知道有研究表明，许多成年子女在中断与父母的联系之前会经历一个漫长而艰难的过程。我在治疗中也见到过这种情况。但是，我也看到有很多人不需要很久或者很艰难的过程就轻易疏远。这些人拒绝给父母一次机会，或者第二次、第三次、第四次机会，用来尝试修复他们之间的关系，让其使成年子女或配偶感到更合理，对他们更尊重。

因此，我对上述问题的回答是：是的，有时候我们很容易对与父母断绝往来的成年子女表示同情。一些父母不断伤害成年子女，不思悔改，不尊重他们的需求，以至于他们除了离开之外别无选择。而且一些父母在子女幼年的时候就具有破坏性，因此他们之间的关系几乎没有任何基础，即使父母在以后的生活中能够并且愿意做出补偿，可能也已经无济于事。

但是，请不要将此等同为某种分配正义。请不要说因为没能做一个合格的父母（以一种越来越难以量化的方式做出的评判），就应该赋予成年子女让母亲或父亲永远在痛苦中生活的权利。请不要说疏远，是父母罪有应得的结果，无论看似多么有理。

我们的社会需要一种不同的对话方式，在这种对话方式中，不仅要求父母理解他们曾经对子女造成的伤害，而且要求成年子女理解父母的想法，理解他们的疏远行为正在对父母造成的伤害。

在整本书的写作中，我的头脑中始终有两种声音：一只耳朵听到的是成年子女恳求我的理解和关心，坚定地维护他们与父母中断联系的需求和权利，因为他们认为父母对自己的幸福有害，无论这种想法让父亲或者母亲感到多么的困惑不解。我听到有人请求我不要过分简单化他们为此的挣扎和对更符合他们的价值观和感受的生活的渴望。不要过度自信地用权利过载或自私来简单刻薄地解释他们的这种愿望。

而另一只耳朵里听到的是父母感到自己被不公平地抛弃，感觉自己被剥夺了与子女和孙子女一起生活的权利，而这是他们根本没有预料到的。他们希望我能帮助他们找到未来生活的意义，因为在他们的生活里，那个他们认为对自己的幸福（如果不是生存）最重要的人将不复存在。他们希望我能够在这样一个让他们感觉孤独和受到非议的世界里为他们提供支持。

作为一名家庭治疗师，我知道双方都能够学会倾听对方。但我也知道这需要付出很多努力。如果父母在与子女交流时能够学会尊重子女的需求和观点以及他们的感受和目标，就会更有可能消除他们与子女之间的距离。如果父母能够做出道歉行为，透过子女的眼睛看自己，无论自己在那里的形象有多么暗淡无光，那么子女就更有可能会对父母产生同情和理解，并且愿意为改善关系做出努力。那些愿意花时间让成年子女感到被理解的人，会比那些想要放弃和遗忘的人离成功更近。

如果成年子女能够认为父母所说的他们已尽力而为是一个事实，而不是在为自己开脱，那么他们可能会从父母身上看到一个他们前所未见的人。那些能够理解父母在交流思想或感受方面缺乏能力或存在困难的子女，会比那些一味地批评或批判的子女更能发现父母倾听的能力有所提高。就像我们是在不断成长和变化，不断在自己身上获得新发现一样，我们的父母成长和变化的能力可能比我们想象的要强大得多。

梅根·道姆在《一切的问题》中指出："我们需要认识到，否认人的复杂性和矛盾性就是否认他们的人性。"我们之所以应该培养自己对父母、成年子女、亲密伴侣和朋友的同情心，不仅因为它会让我们更具适应性，而且因为它让我们能够更清楚地看到对方——他们试图照顾我们的笨拙或徒劳的努力；他们在痛苦中挣扎的迷茫；他们一直背负不幸的过去一直到今天。许多人说，同情伤害自己的人是一件最难做到的事，然而另外一些人则发现，同情心让他们获得了出乎意料的解脱。同情心让他们关注到了共同的人性：每个人在一定程度上都有缺陷，有破损，有伤痕，都渴望被理解。